FINLAND
핀 란 드

CHALET Travel Book

CONTENTS

Around Helsinki 헬싱키 주변 도시들

Lapland 라플란드

이 책을 보는 방법

본문 정보

📍 찾아가는 방법

☎ 전화번호

🏠 주소

🕐 오픈 시간

€ 요금

@ 홈페이지

지도

📷 관광명소

🍴 레스토랑, 카페, 바

🛍 숍, 쇼핑몰, 백화점

🛒 슈퍼마켓

H 호텔, 호스텔

🚉 기차역

🚢 크루즈 페리

⛴ 관광 페리

🚌 시외 버스 터미널

🚍 시내 버스 정류장

🚐 공항버스 정류장

ⓘ 관광 안내소

👁 전망 포인트

❄ 액티비티 투어

⛽ 주유소

P 주차장

여행 정보의 업데이트

샬레트래블북 핀란드의 정보는 2023년 11월까지 수집한 정보와 자료로 만들었습니다. 단, 책에 소개되어 있는 관광지와 숍, 레스토랑의 오픈 시간 및 요금, 교통편과 관련된 내용은 현지 사정에 따라 변경될 수 있습니다. 샬레트래블북은 6개월 또는 1년 마다 최신 정보가 업데이트된 개정판을 발행합니다.

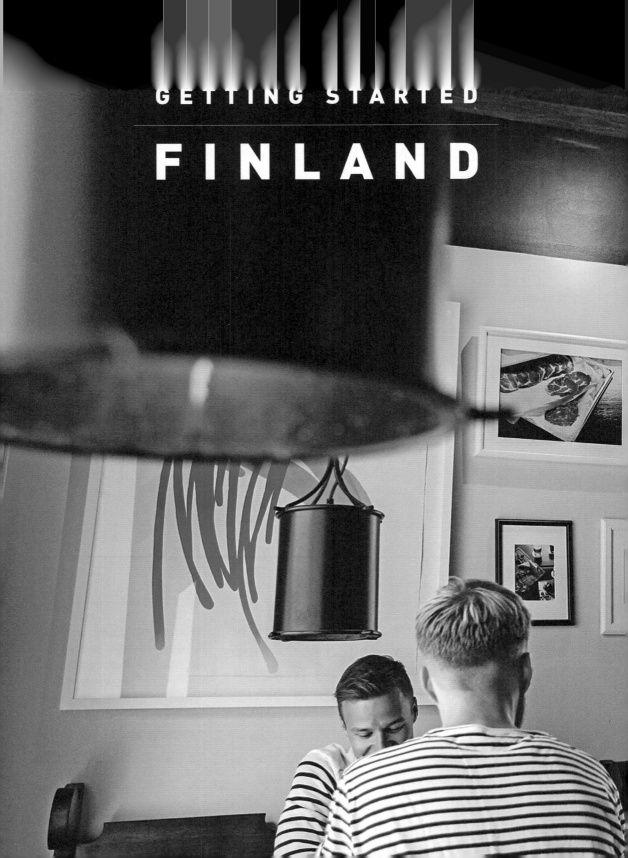

FINLAND

핀란드
3대 디자인 브랜드

마리메코, 이딸라 & 아라비아, 아르텍

마리메코 Marimekko

1951년 아르미 라티아Armi Ratia가 설립한 마리메코는 당당하게 핀란드 쇼핑
리스트의 첫 번째를 차지하고 있는 핀란드의 국민 브랜드이다. 1960년대 재클
린 케네디Jacqueline Kennedy가 마리메코의 드레스를 입으면서 세계적으로 명
성을 얻었으며 패션, 가방, 액세서리, 식기, 홈 데커레이션 등 다양한 제품을 생산
하는 종합 라이프스타일 브랜드로 성장했다. 마이야 이솔라Maija Isola가 활짝 핀
양귀비꽃에서 영감을 받아 디자인한 우니코Unikko 라인을 비롯하여 라쉬마토
Räsymatto, 타사라이타Tasaraita 등 화려한 색감과 경쾌하고 대담한 패턴으로 유
명하다.
@   www.marimekko.com

우니코 프린트의
Oiva 티 포트

깜찍한 우니코 동전 지갑

산뜻한 흰색 바탕의
플래너 우니코 우산

선물용으로 좋은
우니코 머그잔

독특한 색감의
삐꼬 스카프

경쾌한 물방울 무늬의
Tippa 안경집

라쉬마토 패턴의
깔끔한 도자기 그릇

두툼한 면으로 만든
라쉬마토 앞치마

튼튼하고 실용적인
우니코 화장품 파우치

스트라이프 패턴의
타사라이타 머그잔

양손에 다 사용 가능한
라쉬마토 오븐 장갑

이딸라 Iittala & 아라비아 Arabia

이딸라와 아라비아는 핀란드뿐만 아니라 북유럽의 테이블 웨어를 대표하는 브랜드라고 해도 과언이 아니다. 인기 있는 라인은 이딸라의 알바 알토 컬렉션, 띠마Teema, 타이카Taika, 카스테헬미Kastehelmi, 오리고Origo, 울티마 툴레 Ultima Thule, 아라비아의 파라티시Paratiisi, 투오키오Tuokio, 아크티카Arctica, 무민Moomin 등이다. 아라비아는 제품 바닥에 있는 스탬프가 시대별로 달라 그릇을 수집하는 사람들 사이에서는 빈티지 제품이 더 인기 있기도 하다.

@ www.iittala.com / www.arabia.fi/en

정랑한 느낌의
카스테헬미 디저트 볼

동화 같은 일러스트가 돋보이는
타이카 덮 플레이트

탈착이 가능한 목재 손잡이로
솥이나 뚜껑을 들 수 있는
사르파네바 주철 냄비

알바 알토 컬렉션의 꽃병

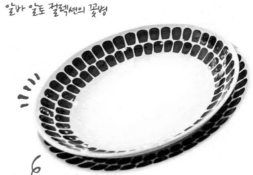

오이바 토이카의 버드 바이 토이카 컬렉션

컬러풀한
스트라이프 무늬의
오리고 머그컵

코발트 빛 무늬가
아름다운 24h 투오키오 라인

정갈한 디자인과 산뜻한 컬러로
사랑받는 띠마 플레이트

80년 넘게
사랑받고 있는
아이노 알토 텀블러

다양한 컬러와
캐릭터의
무민 클래식
컬렉션

핀란드어로 '낙원'이라는 뜻의
파라티시 라인

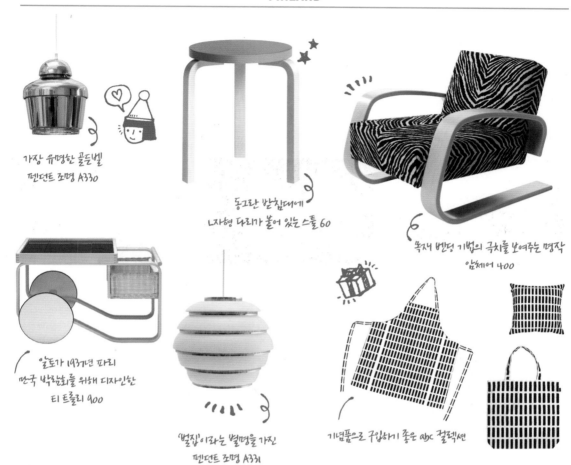

가장 유명한 골든벨
펜던트 조명 A330

동그란 받침대에
L자형 다리가 붙어 있는 스툴 60

목재 밴딩 기법의 극치를 보여주는 명작
암체어 400

알토가 1937년 파리
만국 박람회를 위해 디자인한
티 트롤리 900

'벌집'이라는 별명을 가진
펜던트 조명 A331

기념품으로 구입하기 좋은 abc 컬렉션

아르텍 Artek

알바 알토가 디자인한 가구와 조명, 소품 등을 판매하는 아르텍은 핀란드 가구·인테리어 브랜드의 대명사이다. 알토의 가구 중 가장 상징적인 아이템인 '스툴 60'은 동그란 합판에 알토 디자인의 핵심 요소인 L자형 다리를 붙인 의자로, 아름다우면서도 견고하고 공간 활용도 높아 전 세계에서 가장 유명한 의자 중 하나가 되었다. 또한 골든벨과 벌집이라는 별명을 가진 펜던트 조명들은 아직까지도 제일 사랑받는 제품이다. 알토의 팬이라면 아르텍 세컨드 핸드 상품을 판매하는 디자인 디스트릭트의 아르텍 세컨 사이클에도 꼭 들러보자.

@   www.artek.fi

무민을 찾아 떠나는 무민 테마 여행

순백의 하마를 닮은 포동포동하고 귀여운 모습으로 전 세계적인 인기를 누리고 있는 무민은 1945년 핀란드의 작가, 토베 얀손Tove Jansson의 동화책 주인공으로 탄생된 캐릭터이다. 이후 만화와 TV 애니메이션 시리즈로 제작되면서 큰 인기를 끌었고 무민 가족이 그려진 다양한 캐릭터 상품은 아이뿐 아니라 어른들의 마음까지 사로잡으며 다양한 연령층의 사랑을 고루 받고 있다. 헬싱키와 핀란드 남부 도시들로 무민 테마 여행을 떠나보자.

난탈리 무민 월드 Muumimaailma

탐페레 무민 박물관 Muumimuseo

헬싱키 공항 무민 커피 Moomin Coffee

무민 팬이라면 핀란드 난탈리에 있는 테마파크 '무민 월드'는 반드시 들러야 할 필수 코스이다. 섬 내에는 무민 가족과 친구들이 자연과 아름다운 하모니를 이루며 살아가는 무민 밸리가 아기자기하게 꾸며져 있다. 매년 6월 중순부터 8월 중순까지 문을 열기 때문에 여름철에만 방문할 수 있다.
@ www.moominworld.fi

모든 연령대의 무민 팬과 예술 애호가를 위한 체험형 박물관으로 바로 앞 공원 바위에는 작고 귀여운 무민 동상이 서 있다. 토베 얀손이 직접 기증한 삽화들과 동화책 속 유명 장면을 세밀하게 재현한 미니어처, 무민 캐릭터 피규어 등 다양한 무민 관련 아이템을 전시하고 있다.
@ muumimuseo.fi/en

헬싱키 공항 게이트 40번 앞에 있는 무민 커피는 여행을 한층 더 즐겁게 만든다. 무민 장식과 밝은 색상으로 꾸며진 공간은 무민 밸리의 한곳을 옮겨 놓은 듯한 느낌을 준다. 커피와 다양한 메뉴가 있어 잠시 쉬어가기 좋으나 보통 11:00부터 초저녁 (17:00 혹은 18:00)까지만 문을 연다.
@ www.finavia.fi/en/airports/helsinki-airport

여행 선물로 좋은 무민 기념품 총 정리

무민숍
Moomin Shop

아이들 선물로 최고인
무민 봉제 인형 (25cm)
€25

귀여운 무민과
리틀 미 열쇠고리 €5.5

가볍고 튼튼한
무민 법랑 머그컵
€12.9~14.9

깜찍한 무민이 그려진 양말
€11.9~14.9

예쁜 색감의
무민 에코백 €23.9

파란색 무민
하우스가 들어 있는
무민 스노볼 €14.9

다양한 컬러의
무민 보온병 €25.9~36.9

사랑스러운 곰 귀가 달려 있는
키즈 비니 €22.9

무민과 함께 배우는
알파벳 퍼즐 €14.9

종류별로 수집하고 싶은
무민 마그넷 €8.5

슈퍼마켓
Supermarket

자일리톨이 함유된 뮤민
어린이 치약 €1.89

스트로베리 향 뮤민 립밤 €4.9

4가지 맛 뮤민 홍차 (24입)
€5.19

자일리톨로 단맛을 낸 뮤민
비타민D (100정) €5.89

뮤민 캐릭터가 그려진
반창고 세트 €2.55

귀여운 뮤민 캐릭터 모양의
파제르 비스킷 €3.09

뮤민 캐릭터별로
구입할 수 있는
막대 사탕 각 €0.24

파제르의 과일 맛
뮤민 젤리 €1.25

자일리톨이 함유된
뮤민 사탕 €2.95

사랑스러운 일러스트의
뮤민 페이퍼 냅킨
€2.49

Where
─ 어디에서 사야 할까? ─

무민 숍 Moomin Shop
헬싱키 시내 플래그십 스토어, 포룸
쇼핑센터 내에 있는 무민 숍 및 반타
공항에 있는 무민 숍에서 다른 브랜
드와 협업한 제품을 포함한 다양한
무민 기념품을 구입할 수 있다.
@ www.moomin.com/en/places

K 슈퍼마켓 K Supermarket
S 마켓 등 다른 슈퍼마켓에서도 무
민 기념품을 판매하지만 종류가 가
장 많은 곳은 중앙 우체국 옆 K 슈퍼
마켓이다. 같은 상품이라도 무민 숍
보다 가격이 저렴하다.
@ www.k-ruoka.fi

아라비아 Arabia
아라비아에서는 무민 캐릭터가 그려
진 머그잔과 식기를 구입할 수 있다.
해마다 시즌 상품이 출시되어 마음에
드는 제품을 수집하는 재미도 있다.
@ www.arabia.fi

핀레이슨 Finlayson
핀레이슨에서는 무민 이불 커버와
베갯잇, 앞치마, 타월, 오븐 장갑, 냄
비 받침, 에코백 등 다양한 홈 텍스
타일 기념품을 구입할 수 있다.
@ www.finlayson.fi

핀란드식 사우나

사우나는 핀란드의 가장 핵심적인 문화유산이며 핀란드 사람들의 삶의 일부이다. 핀란드 인구가 약 550만 명인데, 핀란드에 있는 사우나 수가 320만 개에 이른다고 하니 집집마다 사우나가 하나씩 있는 셈이다. 핀란드 사람들에게 사우나는 단순히 육체의 피로를 푸는 곳이 아니라 영혼까지도 깨끗하게 정화하는 장소이며 중요한 정치적 회합이나 비즈니스 미팅이 이루어지는 곳이기도 하다. 실제로 핀란드를 여행하다 보면 호텔, 공공 수영장, 피트니스 클럽, 바닷가의 오두막, 보트, 버스, 심지어 대관람차의 곤돌라까지 정말 다양한 장소에서 핀란드식 사우나를 만나볼 수 있다. 핀란드 여행 시 가장 쉽고 저렴하게 사우나를 즐기는 방법은 사우나가 있는 숙박 시설에 묵으며 무료로 이용하는 것이며 좀 더 특별한 경험을 원한다면 아래에 소개한 헬싱키의 대중 사우나 중 한 곳을 방문해보아도 좋다.

©Harri Tarvainen / Visit Finland

©Pekka Keränen / Visit Helsinki

©Julia Kivelä / Visit Finland

뢰일리 Löyly

헬싱키 남쪽 헤르네사리Hernesaari 지역 바닷가에 문을 연 초현대적 디자인의 사우나 복합 건물로 헬싱키에서 가장 핫한 장소 중 하나이다. 뜨거운 사우나와 시원한 바다 수영을 동시에 즐길 수 있으며 탁 트인 전망을 자랑하는 테라스가 있어 현지인은 물론 관광객에게도 인기를 끌고 있다. 탈의실과 샤워실이 구분되어 있으나 사우나와 라운지 등이 남녀 공용이므로 수영복을 입어야 한다. 레스토랑과 카페도 전망 좋고 음식이 맛있기로 유명하여 사우나를 하지 않는 사람도 많이 찾는다. 시간제로 운영되므로 홈페이지에서 미리 예약하고 방문해야 한다.

📍 트램 6번 Eiranranta 정류장에서 도보 5분
🏠 Hernesaarenranta 4, 00150 Helsinki
🕐 **사우나** 월요일 16:00-22:00, 화~목요일 13:00-22:00, 금요일 13:00-23:00, 토요일 09:00-11:00, 13:00-23:00, 일요일 11:00-21:00 / **모닝 사우나** 토요일 08:00-10:00 / **레스토랑** 월~목요일 11:00-23:00, 금~토요일 11:00-24:00, 일요일 11:00-22:00(오픈 시간 계절별로 상이)
€ 2시간 사우나 €23 (수건, 샴푸, 시트 커버 포함)
@ www.loylyhelsinki.fi

쿨투리사우나 Kulttuurisauna

하카니에미 지구 바닷가에 위치한 친환경 대중 사우나이다. 남성용과 여성용 사우나가 구분되어 있으며 사우나 내에서는 수영복을 입거나 타월을 두르는 것이 금지되지만 사우나 후에 바다로 뛰어들고 싶다면 수영복을, 사우나 도중 시원한 바닷바람을 맞으며 외부에 앉아 열을 식히고 싶다면 큰 타월을 하나 챙겨 가야 한다.

📍 트램 3번, 6번, 7번, 9번 또는 메트로 Hakaniemi 정류장 하차 후 도보 8분
🏠 Hakaniemenranta 17, 00530 Helsinki
🕐 수~일요일 16:00-21:00
€ 성인 €17, 학생 €13
@ www.kulttuurisauna.fi

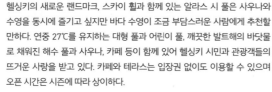

알라스 시 풀 Allas Sea Pool

헬싱키의 새로운 랜드마크, 스카이 휠과 함께 있는 알라스 시 풀은 사우나와 수영을 동시에 즐기고 싶지만 바다 수영이 조금 부담스러운 사람에게 추천할 만하다. 연중 27℃를 유지하는 대형 풀과 어린이 풀, 깨끗한 발트해의 바닷물로 채워진 해수 풀과 사우나, 카페 등이 함께 있어 헬싱키 시민과 관광객들의 뜨거운 사랑을 받고 있다. 카페와 테라스는 입장권 없이도 이용할 수 있으며 오픈 시간은 시즌에 따라 상이하다.

📍 마켓 광장에서 작은 다리를 건너 카타야노카 지구 입구

🏠 Katajanokanlaituri 2a, 00160 Helsinki

🕐 **풀 & 사우나** 월~금요일 06:30-21:00(토요일 08:00, 일요일 09:00 오픈)
카페 & 테라스 월~금요일 08:00-20:00, 토요일 09:00-20:00, 일요일 10:00-18:00 **시그릴** 월~목요일 11:00-22:00, 금~토요일 11:00-23:00

€ 성인 €18(금요일 14:00~일요일 €22), 3~12세 €10(금요일 14:00~일요일 €13), 2세 이하 무료

@ www.allasseapool.com

코티하르윤 사우나 Kotiharjun Sauna

칼리오 지구에 있는 코티하르윤 사우나는 1928년부터 이어진 역사와 전통을 자랑하는 도심 속 사우나이다. 장작 스토브로 사우나를 데우는 전통 방식의 대중 사우나는 남성용과 여성용으로 나누어져 있으며 전기를 이용하는 프라이빗 사우나는 가족이나 친구들끼리 이용하면 좋다. 매점에서는 음료수와 스낵, 마사지에 사용하는 자작나무 가지 묶음 등을 판매하며 수건은 대여가 가능하다.

📍 트램 8번, 9번 Helsinginkatu 정류장 하차 후 도보 5분

🏠 Harjutorinkatu 1, 00500 Helsinki

🕐 화~일요일 14:00-20:00, 월요일, 부활절, 독립 기념일 등 주요 공휴일 휴무

€ 성인 €15, 12~16세 €8, 수건 대여 €3, 일회용 깔개 €0.3

@ www.kotiharjunsauna.fi

TIP | 핀란드식 사우나 가이드 & 에티켓

1
핀란드의 대중 사우나는 대부분 남성용과 여성용으로 구분되어 있으며 옷을 다 벗고 들어간다. 남녀 공용일 경우에는 수영복을 착용한다. 타월은 대부분 유료로 대여해야 하므로 개인용 큰 타월을 하나 가져가는 것이 좋고, 플립플롭이나 슬리퍼도 하나 준비해 가면 매우 유용하다.

2
사우나 전에는 샤워를 하는 것이 에티켓이며 물을 담은 나무통과 국자 모양의 바가지를 들고 사우나로 들어간다. 사우나 내의 나무 의자에는 작은 수건이나 시트를 깔고 앉는다. 사우나 안은 아래에서 위로 갈수록 온도가 높아지기 때문에 무리하지 말고 자신에게 맞는 위치에서 사우나를 즐기는 것이 좋다.

4
핀란드어로 바스타Vasta 또는 비흐타Vihta라 불리는(지역에 따라 다름) 여린 자작나무 가지 묶음으로 어깨나 등을 부드럽게 두드리면 혈액순환과 피부 미용에도 도움이 되고 자작나무 향이 사우나에 은은하게 퍼져 기분도 좋아진다.

3
핀란드식 사우나는 스토브에 돌을 넣어 달구고 그 위에 물을 끼얹어 증기를 발생시킨다. 사우나가 조금 식었다고 생각되면 돌에 물을 뿌리면 되는데 이때는 사우나에 함께 있는 다른 사람들에게 먼저 동의를 구하는 것이 좋다.

5
사우나의 뜨거운 증기가 견디기 힘들어지면 외부로 나가 차가운 공기에서 열기를 식힌 후 다시 사우나로 돌아온다. 사우나 옆에 호수나 바다가 있으면 물로 뛰어들거나 눈밭에 구르기도 하는데 고혈압이나 심장병이 있는 사람은 위험할 수 있으므로 그냥 바람만 쐬는 것이 좋다.

6
사우나 중이나 후에는 수분을 보충하기 위해 물이나 탄산음료를 충분히 마셔야 한다. 사우나 후에는 주로 시원한 맥주를 마시며 마무리한다.

알바 알토 테마 코스

알바 알토(Alvar Aalto, 1898~1976)는 핀란드를 대표하는 건축가이자 디자이너로 핀란드 디자인을 세계적 수준으로 끌어올리는 데 큰 역할을 한 사람이다. 그는 핀란드 전역에 많은 사람들이 이용하는 공공건물을 주로 설계했으며 가구, 조명, 꽃병 등 인테리어 디자인에도 큰 업적을 남겼다. 알토 디자인의 특징은 유려한 곡선과 자연스러운 소재, 편리하면서도 독창적인 기능성이다. 인간과 자연에 대한 애정이 듬뿍 담겨 있는 그의 작품을 따라 헬싱키를 돌아보며 핀란드 디자인의 매력에 흠뻑 빠져보자.

1
아카데미아 서점
Akateeminen Kirjakauppa

알바 알토가 1961~1969년 설계한 건물. 정문의 높이가 다른 3개의 손잡이부터 입구 바닥의 장난기 넘치는 발바닥 장식, 기하학적 모양의 채광창, 아름다운 조명까지 서점 곳곳에 알바 알토의 창의적이면서도 실용적인 디자인이 숨어 있다. 2층에는 영화 〈카모메 식당〉에 나온 유명 카페, 카페 알토가 있다.

@ www.akateeminen.com/en/

알바 알토가 디자인한
골든벨 펜던트 조명

아르텍 Artek

1935년 알바와 아이노 알토 부부가 2명의 친구와 함께 설립한 가구 브랜드. 아카데미아 서점 옆에 있는 아르텍 플래그십 스토어에서는 알토의 가구 중 가장 상징적인 아이템인 '스툴 60'을 비롯하여 파이미오 체어, 골든벨 조명 등 알토의 독창성 넘치는 가구와 조명을 모두 만나볼 수 있다.

@ www.artek.fi

©Restaurant Savoy

3

사보이 레스토랑 Ravintola Savoy

알바와 아이노 알토 부부가 내부를 장식한 전설적인 레스토랑. 미니멀한 디자인의 레스토랑 내부는 알토의 가구와 조명, 알토가 이 레스토랑을 위해 디자인한 꽃병인 사보이 베이스로 장식되어 있으며 테라스 석에서는 에스플라나디 공원이 내려다보인다. 핀란드의 가장 존경받는 지도자인 칼 구스타프 에밀 만네르하임Carl Gustaf Emil Mannerheim의 단골 레스토랑으로도 유명하다.

@ www.savoyhelsinki.fi

4

핀란디아 홀 Finlandia Talo

알바 알토가 1967~1975년 설계한 건물. 알토의 가장 마지막 작품 중 하나로 1976년 알토가 세상을 뜨기 얼마 전에 완공되었다. 헬싱키 중앙역 근처에 있는 콘서트홀 겸 회의 시설로 하얀 카라라 대리석으로 지어진 외관부터 내부 인테리어의 모든 세세한 것까지 거장의 숨결이 느껴진다.

@ www.finlandiatalo.fi/en

5

알토의 집과 스튜디오

Alvar Aallon Kotitalo ja Ateljee

알바 알토가 살고 일했던 장소인 그의 집과 스튜디오. 알토의 집은 핀란드의 자연을 그대로 담은 알토의 가구와 조명으로 가득한 내부에 햇살이 따스하게 비쳐 들어 아늑하고 편안하다. 근처에 있는 알토의 스튜디오는 1950년대 알토의 작품 가운데 가장 뛰어난 것 중 하나로 손꼽힌다. 두 곳 모두 가이드 투어로만 방문할 수 있다.

@ www.alvaraalto.fi/en

영화 〈카모메 식당〉 테마 코스

개봉한 지 10년이 넘은 영화 〈카모메 식당〉(2006)은 여전히 헬싱키를 찾는 여행자들이 여행 전에 꼭 챙겨 보는 영화이다. 영화는 일본인 여성 사치에가 운영하는 헬싱키의 '카모메 식당'에서 일어나는 이야기를 잔잔하고 담백하게 풀어내는데, 헬싱키의 매력적인 장소들이 영화 속 배경으로 등장한다. 실제 레스토랑으로 운영되고 있는 '카모메 식당'부터 아카데미아 서점의 카페 알토, 항구의 마켓 광장, 카페 우르술라, 누크시오 국립공원까지, 영화에 나오는 스폿들을 하나씩 찾아다니다 보면 영화 속 주인공들처럼 어느새 헬싱키와 사랑에 빠져 있는 자신을 발견하게 된다.

1
카모메 식당 Ravintola Kamome

영화 속에서 사치에가 운영하는 '카모메 식당'으로 나온 곳. 북유럽풍 인테리어와 가리비, 와규, 직접 만든 두부 등 최고급 식재료로 만든 깔끔한 일식은 영화의 여운을 느껴보기에 충분하다. 주변의 디자인 디스트릭트를 함께 둘러보면 좋다.

@ www.kamome.fi

2
아카데미아 서점과 카페 알토
Akateeminen Kirjakauppa & Café Aalto

사치에와 미도리가 처음 만난 장소. 아카데미아 서점과 2층에 있는 카페 알토는 영화 〈카모메 식당〉의 팬이라면 꼭 들르는 성지와도 같은 곳이다. 커피와 달콤한 디저트를 즐기는 사람들이 많은데, 다른 카페에 비해 가격은 조금 비싼 편이다.

@ www.cafeaalto.fi/home

3
이르욘카투 수영장
Yrjönkadun Uimahalli

사치에가 자주 가던 수영장. 클래식하고 웅장한 분위기의 수영장과 사우나가 함께 있다. 남성은 화/목/토요일, 여성은 월/수/금요일 그리고 일요일은 시간이 각각 나뉘어 있어 수영복 없이도 이용할 수 있다.

4
마켓 광장
Kauppatori

영화 오프닝을 비롯하여 여러 장면에 자주 등장하는 곳. 항구 바로 앞에 위치하는데 과일, 채소를 판매하는 노천 시장이 열리며 간단하게 식사를 즐길 수 있는 노점도 많아 항상 사람들로 붐빈다. 또한, 핀란드에서 가장 오래된 전통 행사 중 하나인 헬싱키 발틱 청어 시장이 매년 10월에 이곳에서 열린다.

❺ 하카니에미 시장

🚉 헬싱키 중앙역

이르욘카투 수영장 ❸   ❷ 아카데미아 서점과 카페 알토
                      ❹ 마켓 광장

❶ 카모메 식당

카페 우르슐라 ❻

5
하카니에미 시장 Hakaniemen Kauppahalli

사치에와 미도리가 장을 보던 시장. 마켓 광장과 함께 헬싱키를 대표하는 전통
시장으로 싱싱한 과일과 채소, 꽃 등을 판매하는 야외 시장과 실내 시장인 하
카니에미 마켓 홀이 함께 있다.

@   www.hakaniemenkauppahalli.fi

6
카페 우르슐라 Café Ursula

4명의 여자들이 선글라스를 끼고 앉아 화이트 와인을 마시던 카페. 헬싱키 남
쪽 바닷가에 면해 있는 카페 겸 레스토랑으로 테라스 석에 앉아 오가닉 커피나
시원한 맥주를 마시기에 좋다.

@   www.ursula.fi

7
누크시오 국립공원 Nuuksion Kansallispuisto

마사코가 버섯을 잔뜩 따온 숲으로 나온 곳. 영화 포스터에서 세 주인공이 서
있는 장소이기도 하다. 헬싱키에서 가까운 위
성도시인 에스포Espoo에 위치하며 핀란드의
청정 자연 속에서 하이킹을 즐기며 버섯과 베
리류를 딸 수도 있다.

@   www.nationalparks.fi/nuuksionp

트램 2번, 3번을 타고 돌아보는 헬싱키

헬싱키 구시가지의 곳곳을 누비는 트램 2번, 3번 노선은 대표 관광지들과 쇼핑센터 앞 근처에 모두 정차하여 '관광 트램'이라는 별명을 가지고 있다. 아래의 트램역과 노선도를 참고하여 하루 정도는 헬싱키 교통국의 Day Ticket을 끊어 트램을 타고 헬싱키를 신나게 누벼보자.

❶ Kauppatori
2번
마켓 광장, 에스플라나디 공원,
수오멘린나 페리

❷ Senaatintori
2번
원로원 광장,
헬싱키 대성당,
토리 쿼터

❸ Aleksanterinkatu
2번

헬싱키 구시가지 최고의
쇼핑 거리

❹ Ylioppilastalo
2번 3번

스토크만 백화점,
포룸 쇼핑센터

❺ Lasipalatsi
2번

소코스 백화점, 캄피 침묵의 교회,
키아즈마 국립 현대미술관, 아모스 렉스

©Amos Rex

❻ Sammonkatu
2번

★ 템펠리아우키오 교회

❼ Rautatieasema
2번 3번

헬싱키 중앙역, 중앙 우체국,
아테네움 미술관

❽ Hakaniemi
3번

하카니에미 시장

9 Karhupuisto
3번
칼리오 지구 끝 공원, 칼리오 교회

10 Fredrikinkatu
3번
디자인 디스트릭트, 카페 에크베르그

11 Iso Roobertink
3번
디자인 디스트릭트 쇼핑 거리

12 Kaivopuisto
3번
카이보푸이스토,
카페 우르술라

13 Olympiaterminaali
2번 3번
올림피아 페리 터미널
(스톡홀름행 실야라인)

Spårakoff 펍 트램에서 맥주 즐기기

Spårakoff는 1959년에 만들어진 고전 트램을 펍으로 바꾼 핀란드 유일의 펍 트램이다. 강렬한 빨간색 외관에 클래식한 분위기의 인테리어로 꾸며져 있으며 약 30명 정도의 승객이 탑승할 수 있다. 헬싱키 구시가지를 한 바퀴 도는 트램을 타고 맥주, 애플 사이다, 스파클링 와인 등의 술과 무알코올 청량음료를 즐길 수 있다. 보통 여름철에만 운행(겨울에는 크리스마스 전 특정 기간)되고 기차역 광장에서 오후 2시부터 오후 8시까지 매시 정각에 출발하여 같은 장소로 돌아오는 데 약 45분이 소요된다. 오후 4~5시까지는 브레이크 타임이니 참고하자.

📍 중앙역 근처 Mikonkatu 트램 정류장
€ 성인 €12, 12세 이하 어린이 €5
@ www.raflaamo.fi/en/restaurant/helsinki/sparakoff

©Visit Finland

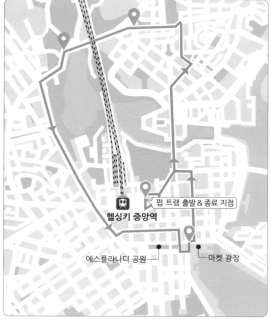

펍 트램 출발 & 종료 지점
헬싱키 중앙역
에스플라나디 공원
마켓 광장

헬싱키 추천 카페

역사와 전통을 자랑하는 카페

에크베르그 Ekberg

1852년에 문을 연, 핀란드에서 가장 오랜 역사를 자랑하는 카페이다. 직접 구워낸 다양하고 맛있는 빵과 조식 뷔페로 유명하다. 카페 옆에는 핀란드에서 가장 오래된 베이커리도 운영되고 있다.

@ www.ekberg.fi/en

파제르 카페 Fazer Café

파제르 카페의 본점은 카를 파제르Karl Fazers가 1891년 처음 카페와 케이크점을 열었던 그 자리에 아직도 운영되고 있다. 예쁘게 포장된 과자와 사탕, 수제 초콜릿 등 선물용으로 좋은 여러 기념품도 판매한다.

@ www.fazer.fi

카펠리 Kappeli

에스플라나디 공원 내에 있는 카펠리는 1867년에 오픈하여 150년 동안 자리를 지켜온 유서 깊은 카페 겸 레스토랑이다. 시벨리우스를 비롯한 핀란드 아티스트들의 아지트로도 유명하다.

@ www.kappeli.fi

시원한 바다 전망의 카페

카페 레가타 Cafe Regatta

시벨리우스 기념비 근처 동화 같은 빨간 통나무집에 위치한 레가타는 바다가 한눈에 들어오는 야외 테라스 석에 앉아 시나몬 번 또는 블루베리 파이와 커피 한잔을 마시기 좋은 예쁜 카페이다.

@ caferegatta.fi/in-english

카페 우르술라 Café Ursula

헬싱키 남쪽 바닷가에 있는 카페 겸 레스토랑 우르술라는 영화 〈카모메 식당〉으로 유명해진 곳이다. 시원한 바닷바람을 맞으며 오가닉 커피나 맥주를 마시기에 좋으며 오늘의 런치 메뉴도 인기 있다.

@ www.ursula.fi

커피 맛으로 유명한 로스터리 카페

카페토리아 카페 & 숍
Cafetoria Café & Shop

페루, 콜롬비아, 케냐 등지에서 오가닉 원두를 들여와 직접 로스팅하여 만든 맛있는 커피를 판매하는 카페이다. 템펠리아우키오 교회 근처에 위치하여 관광 후에 들르면 좋다.

@ www.cafetoria.fi

카파 로스터리 Kaffa Roastery

2017 헬싱키 커피 페스티벌에서 핀란드 베스트 커피숍으로 뽑힐 정도로 커피 맛이 좋은 스페셜티 커피 전문점이다. 커피 원두와 관련 용품도 판매하며 로스터리 스쿨도 운영하고 있다.

@ www.kaffaroastery.fi

숍과 함께 있는 테마 카페

모코 마켓 카페 & 스토어
Moko Market Café & Store

인테리어 용품을 판매하는 매장과 카페가 함께 있는 테마 카페이다. 빈티지한 인테리어 소품과 가구, 식기와 주방 용품, 욕실 용품, 의류 등 판매 제품의 종류가 매우 다양하다.

@ moko.fi/in-english

여행 선물 고민 끝!
핀란드 슈퍼마켓 쇼핑 아이템

무민 캐릭터 제품, 자일리톨 치약과 껌, 파제르 초콜릿, 마리메코, 핀레이슨 냅킨 등 핀란드의 유명한 기념품은 다 슈퍼마켓에 있다고 해도 과언이 아니다. 특히 헬싱키 중앙 우체국 옆의 K 슈퍼마켓은 관광객이 가장 많이 찾는 지점으로 여행 막바지에 들러 선물을 구입하기에 좋다.

What
무엇을 사야 할까?

블루베리 바닐라 초콜릿
€4.49

파제르 화이트 & 밀크 초콜릿
€2.65

다양한 맛의
Jenkki 자일리톨 껌 €3.3

바닐라 트러플 필링이 어우러진
밀크 초콜릿 €4.49

자일리톨이 함유된
펩소던트 치약 (75ml) €1.79

빵에 발라 먹기 좋은
가재 맛, 버섯 맛 치즈 €5.45

슈퍼마켓 쇼핑
아이템 1위
마리메코 페이퍼 냅킨
€2.49~3.39

선물용으로 좋은 파제르
헤이즐넛 누가 필링 초콜릿 €8.99

핀란드 사람들이
가장 사랑하는
저 알코올 롱드링크 각 €4.65

핀란드 유명 친환경 브랜드
Erisan의 핸드크림 €4.29

환타 맛의 핀란드
국민 음료수 Jaffa (500ml)
각 €2.35

저 알코올로 부담 없이
마실 수 있는
애플 사이다 €3.09

색깔별로 수집하고 싶은 예쁜
패키지의 헤어 컨디셔너
각 €1.99~2.95

간식으로 좋은
달콤한 납작 복숭아 (500g)
€1.99

아이들이 좋아하는
달콤한 무민 패키지
탄산음료수 €2.45

Where

어디에서 사야 할까?

K 마켓 K Maket
핀란드 제1의 소매 기업 Kesko에서
운영하는 슈퍼마켓 체인으로 좀 더
큰 규모의 K Supermarket과 함께 핀
란드 전역에 800개 이상의 지점을 갖
고 있다.

@ www.k-market.fi

S 마켓 S Market
S 그룹에서 운영하는 대형 슈퍼마켓
체인으로 대도시에는 소코스 백화점
과 같이 있는 경우가 많다. 핀란드 전
역에 약 400개 지점을 갖고 있다. K 마
켓보다 가격이 저렴한 제품들도 있다.

@ www.s-kaupat.fi

알레파 Alepa
S 그룹에서 운영하는 슈퍼마켓 체
인으로 헬싱키와 위성도시들을 중
심으로 약 110개의 지점을 갖고 있
다. 관광객보다는 주민들이 많이 이
용한다.

@ www.alepa.fi

R 키오스키 R Kioski
공항, 기차역, 버스 터미널 등에 모
두 입점해 있는 편의점 체인이다. 슈
퍼마켓보다 가격은 비싸지만 편하
게 이용할 수 있으며 트램 티켓과
선불SIM 카드도 판매한다.

@ www.r-kioski.fi

핀란드로 가는 가장 빠른 길, 핀에어

인천에서 헬싱키까지 직항편을 운항하고 있는 핀에어 Finnair(www.finnair.com/kr/ko)는 우리나라에서 핀란드로 가는 가장 빠르고 편한 방법이다. 8시간 30분~9시간 30분 걸리는 최단 노선을 운항했으나 러시아와 우크라이나 전쟁 여파로 13~14시간 소요된다. 다른 핀란드 도시들은 물론 유럽 대도시들로의 환승 시간이 짧고 스케줄도 효율적이어서 다른 유럽 국가에 가는 승객들도 많이 이용한다. 최신 기종의 현대적인 비행기, 안락하고 넓은 좌석, 센스 있는 마리메코 핀에어 컬렉션의 기내 용품, TTG 트래블 어워드에서 인정받은 최고의 서비스 등 핀에어를 선택해야 할 이유는 수도 없이 많다.

비즈니스 클래스는 식기까지 모두 마리메코

비즈니스 클래스의 마리메코 슬리퍼와 담요

이코노미 컴포트석의 마리메코 카펫 패턴 파우치

핀에어 & 마리메코

핀에어를 더욱 특별하게 만드는 것은 핀란드 대표 브랜드 마리메코와의 컬래버레이션이다. 이코노미 클래스의 냅킨, 종이컵부터 시작하여 베개, 담요, 파우치, 비즈니스 클래스의 슬리퍼, 식기까지 마리메코만의 특별함으로 기내에 에너지를 더하며 디자인은 정기적으로 바뀐다.

이코노미 클래스

핀에어의 이코노미 석은 다른 유럽 항공사들에 비해 넓은 좌석과 쾌적한 환경을 자랑한다. 다만 칫솔, 치약, 슬리퍼가 제공되지 않으므로 필요하다면 미리 준비해 가는 것이 좋다. 두 번의 식사는 단일 메뉴로 제공된다. 채식, 당뇨식, 글루텐 프리식 등 특별식이 필요한 경우에는 출발 최소 24시간 전에 미리 요청하도록 하자. 추가 비용을 내고 좌석 공간이 8~13㎝ 더 넓고 잡음 제거 헤드폰과 귀마개, 안대, 양말, 칫솔 및 치약이 들어 있는 마리메코 파우치, Wi-Fi 1시간 무료 서비스가 제공되는 이코노미 컴포트 좌석으로 업그레이드할 수도 있다.

비즈니스 클래스

핀에어의 비즈니스 석은 200㎝의 긴 수평 침대로 누울 수 있는 풀 플랫 침대형 좌석과 완벽한 프라이버시가 보장되는 공간, 이딸라와 마리메코 식기에 담겨 나오는 핀란드 유명 셰프의 맛있는 기내식, 클라란스 스킨 케어 어메니티, 친절하고 세심한 서비스 등으로 유명하다. 비즈니스 클래스 승객은 탑승 수속, 보안 검색대 및 탑승구에서 우선 공항 서비스를 이용할 수 있고 헬싱키 공항에서는 핀에어 라운지를 이용할 수 있다.

핀에어 라운지

헬싱키 공항에는 쉥겐 지역 22번 게이트 옆과 비쉥겐 지역 52번 게이트 근처에 2개의 핀에어 라운지가 있다. 핀에어 비즈니스 클래스 승객과 핀에어 플러스 플래티넘 및 골드 회원, Oneworld 사파이어 또는 에메랄드 카드 회원인 경우 두 라운지를 무료로 이용할 수 있으며 샐러드 바, 스낵, 따뜻한 수프, 맥주, 와인, 커피, 음료수 등이 제공된다.

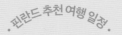
헬싱키 스톱오버 2박 3일

핀에어를 이용하여 유럽 여행을 간다면 추가 요금 없이 헬싱키에서 스톱오버할 수 있는 좋은 기회를 갖게 된다. 스톱오버는 최대 5박까지 가능하며 2박 3일 정도면 헬싱키 중심부의 관광지들은 거의 다 돌아볼 수 있다.

· DAY 1 · 인천 출발, 헬싱키 도착

21 : 40 인천공항 출발

비행기 13시간 50분

05 : 30 헬싱키 공항 도착

순환 철도 / 버스 30분

07 : 40 헬싱키 시내 도착, 호텔에 짐 보관

원로원 광장 & 헬싱키 대성당

08 : 40 오디 도서관 구경 & 도서관내 휴식

도보 10분

12 : 00 캄피 헬싱키 쇼핑몰 구경 & 점심 식사

15 : 00 호텔 체크인

16 : 00 원로원 광장 & 헬싱키 대성당

도보 5분

17 : 00 에스플라나디 공원 산책 및 주변 쇼핑

도보 1분

19 : 00 카펠리에서 저녁 식사

· DAY 2 · 헬싱키 구시가지 관광

09 : 00 시벨리우스 공원 & 카페 레가타

트램 3분

10 : 00 템펠리아우키오 교회

트램 7분

12 : 00 아카데미아 서점 구경 & 카페 알토 휴식

도보 5분

13 : 00 푸테스 바 & 피자에서 점심 식사

도보 8분

14 : 00 디자인 디스트릭트에서 쇼핑

도보 6분

16 : 00 디자인 박물관 관람

도보 2분

19 : 00 Yes Yes Yes에서 저녁 식사

· DAY 3 · 기념품 쇼핑, 헬싱키 출발

09 : 00 마켓 광장 & 마켓 홀에서 기념품 쇼핑

도보 1분

11 : 00 마켓 홀 내 스토리에서 브런치

순환 철도 / 버스 30분

17 : 30 헬싱키 출발

여름 추천!

헬싱키와 남부 6박 8일

6~8월의 핀란드는 덥지도 춥지도 않은 날씨에 밤 10시까지 해가 지지 않아 여행하기 딱 좋은 시기이다. 이 시기에는 헬싱키를 중심으로 핀란드 남부 도시들을 둘러보는 여행을 추천한다. 하루 정도 여유가 있다면 크루즈 페리를 타고 에스토니아의 탈린을 다녀와도 좋다.

• DAY 1 • 인천 출발, 헬싱키 도착

21 : 40
인천공항 출발

비행기 13시간 50분

05 : 30
헬싱키 공항 도착

순환 철도 / 버스 30분

07 : 40
헬싱키 시내 도착,
호텔에 짐 보관

08 : 30
오디 도서관 구경
& 도서관내 휴식

도보 10분

12 : 00
캄피 헬싱키 쇼핑몰 구경
& 점심 식사

16 : 00
원로원 광장
& 헬싱키 대성당

15 : 00
호텔 체크인

도보 1분

17 : 00
토리쿼터 관광

19 : 00
브리게리 헬싱키에서 저녁 식사

• DAY 2 • 히스토리컬 디스트릭트 & 디자인 디스트릭트 관광

09 : 00
마켓 광장 & 마켓 홀

도보 1분

10 : 00
에스플라나디 공원,
갤러리아 에스플라나드

도보 5분

11 : 00
스토크만 백화점,
아카데미아 서점 관광
및 점심

도보 12분

13 : 30
디자인 박물관

도보 7분

15 : 00
디자인 디스트릭트에서 쇼핑

도보 5분

16 : 30
모코 마켓 카페, 카파 로스터리에서 휴식

19 : 00
카모메 식당에서
저녁 식사

• DAY 3 • 그린 디스트릭트 & 시사이드 디스트릭트 관광

도보 1분

08 : 00
시벨리우스 공원

08 : 30
카페 레가타

트램 3분

10 : 00
템펠리아우키오 교회

트램 6분

11 : 30
키아즈마 국립 현대미술관

도보 6분

13 : 00
캄피 헬싱키 쇼핑몰에서
점심 식사

도보 1분

14 : 00
캄피 침묵의 교회

도보 2분

14 : 30
포룸 쇼핑센터, 무민 숍

도보 8분

16 : 00
스카이 휠 헬싱키 & 알라스 시 풀 사우나

도보 7분

19 : 00
핀란디아 캐비어에서 저녁 식사

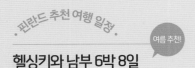

헬싱키와 남부 6박 8일

여름 추천!

• DAY 4 • 탈린 당일치기 투어

09 : 00
헬싱키에서 에스토니아 탈린으로 출발

크루즈 페리 2시간 15분

11 : 15
탈린 도착,
구시가지로 이동

도보 20분

12 : 30
비루 게이트, 카타리나 거리

도보 2분

13 : 00
라에코야 광장, 구시청사

도보 3분

14 : 00
올데 한자에서 점심 식사

도보 5분

16 : 00
톰페아

18 : 30
탈린에서 헬싱키로 출발

크루즈 페리 2시간 30분

21 : 00
헬싱키 도착

• DAY 5 • 난탈리 당일치기 투어

08 : 00
헬싱키 중앙역에서 투르쿠로 출발

기차로 약 2시간 50분

10 : 50
투르쿠 도착,
6번 또는 7번 버스로
난탈리로 이동

버스 30분

11 : 30
난탈리 도착

도보 20분

12 : 00
무민 월드

도보 10분

13 : 30
스닉카리에서 점심 식사

도보 1분

15 : 00
난탈리 구시가지 산책

도보 10분

18 : 00
난탈리 출발

버스와 기차 3시간 30분~4시간

23 : 30
헬싱키 도착

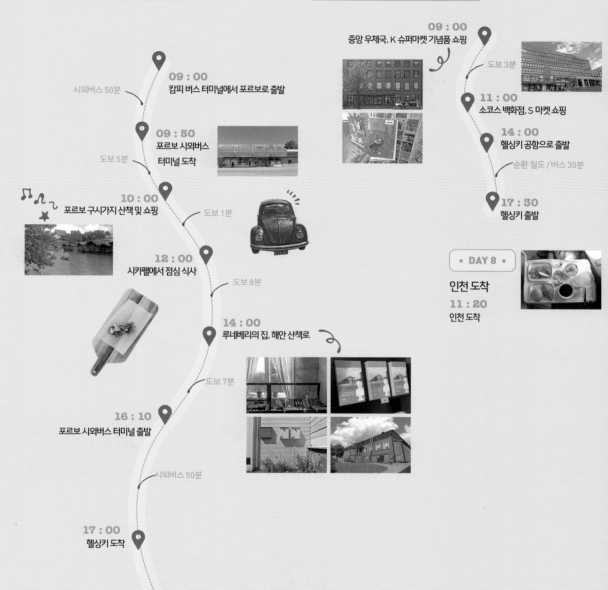

· DAY 6 · 포르보 당일치기 투어

시외버스 50분

09 : 00
캄피 버스 터미널에서 포르보로 출발

09 : 50
포르보 시외버스
터미널 도착

도보 5분

10 : 00
포르보 구시가지 산책 및 쇼핑

도보 1분

12 : 00
시카펠에서 점심 식사

도보 8분

14 : 00
루네베리의 집, 해안 산책로

도보 7분

16 : 10
포르보 시외버스 터미널 출발

시외버스 50분

17 : 00
헬싱키 도착

· DAY 7 · 기념품 쇼핑, 헬싱키 출발

09 : 00
중앙 우체국, K 슈퍼마켓 기념품 쇼핑

도보 3분

11 : 00
소코스 백화점, S 마켓 쇼핑

14 : 00
헬싱키 공항으로 출발

순환 철도 / 버스 30분

17 : 30
헬싱키 출발

· DAY 8 ·

인천 도착

11 : 20
인천 도착

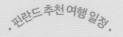

겨울 추천!

헬싱키와 라플란드 6박 8일

산타클로스와 오로라, 윈터 액티비티로 유명한 라플란드는 겨울철에 방문해야 제대로 즐길
수 있는 곳이다. 겨울철에는 난탈리의 무민 월드를 비롯하여 핀란드 남부 관광지들은 문을
열지 않는 곳이 많고 상점과 레스토랑의 영업시간도 단축되기 때문에 연중 오픈하는 헬싱키
의 주요 관광지만 돌아보고 라플란드를 여행하는 것이 낫다.

• DAY 1 • 인천 출발, 로바니에미 도착

21 : 40
인천공항 출발

비행기 13시간 50분

05 : 30
헬싱키 공항 도착,
환승

비행기 1시간 15분

12 : 20
헬싱키 공항 출발

Rovaniemi

13 : 35
로바니에미 공항 도착

공항 셔틀버스

AIRPORT EXPRESS

공항 셔틀버스 20분

14 : 30
로바니에미 시내 도착
호텔 체크인 후 시내 산책

19 : 00
한끼에서 저녁 식사

©VisitRovaniemi

• DAY 2 • 산타클로스 마을 관광

09 : 30
로바니에미 출발

버스 30분

©VisitRovaniemi

10 : 00
산타클로스 마을 도착, 관광 및 쇼핑

버스 10분

15 : 00
산타 파크 관광 후
로바니에미로 이동

버스 30분

도보 10분

15 : 30
로바니에미 도착, 악티쿰 관람

18 : 00
맥도널드에서 저녁 식사

• DAY 3 • 로바니에미에서 사리셀카로 이동

09 : 00
아침 식사 후

11 : 45
로바니에미 시외버스
터미널 출발

시외버스 3시간 45분

IGLOO SAUNAS

15 : 15
칵스라우타넨 리조트 도착 후
핀란드식 사우나 즐기기

18 : 00
저녁 식사 후 오로라 헌팅 투어

22 : 00
유리 이글루 숙박

©Kakslauttanen Arctic Resort, Lapland, Finland

겨울 추천!

· 핀란드 추천 여행 일정 ·

헬싱키와 라플란드 6박 8일

• DAY 4 • 칵스라우타넨 리조트에서 윈터 액티비티 즐기기

10 : 00
리조트 내 통나무
로그 캐빈으로 숙소 이동

네리 차

전일 허스키 썰매, 스노모빌,
아이스피싱 사파리 등
신나는 윈터 액티비티 즐기기

18 : 00
리조트 내 레스토랑에서
저녁 식사

• DAY 6 • 헬싱키 관광

10 : 00
템펠리아우키오 교회

도보 12분

12 : 00
캄피 캄피 헬싱키 식당가에서 점심 식사

도보 7분

13 : 30
키아즈마
국립 현대미술관 관람

도보 5분

15 : 00
포룸 쇼핑몰 & 무민 숍 쇼핑

도보 5분

16 : 00
아카데미아 서점
& 카페 알토 관광

도보 3분

18 : 00
브론다에서 저녁 식사

• DAY 5 • 사리셀카 출발, 헬싱키 도착

13 : 50
이발로 공항 출발

비행기 1시간 30분

15 : 25
헬싱키 공항 도착, 시내로 이동

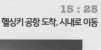

순환 철도 / 버스 30분

16 : 30
헬싱키 시내 도착, 호텔 체크인

17 : 30
원로원 광장 & 헬싱키 대성당 야경 감상

19 : 00
토리 쿼터 내 레스토랑에서 저녁 식사

• DAY 7 • 기념품 쇼핑, 헬싱키 출발

09 : 00
중앙 우체국, K 슈퍼마켓 기념품 쇼핑

도보 3분

11 : 00
스토크만 백화점 쇼핑

14 : 00
헬싱키 공항으로 출발

순환 철도 / 버스 30분

17 : 30
헬싱키 출발

• DAY 8 •

인천 도착

11 : 20
인천 도착

핀란드의 아름다운 수도

HELSINKI

헬싱키

핀란드의 수도 헬싱키는 300개가 넘는 작은 섬들과 싱그러운 초록 숲, 공원
을 가진 아름다운 해안 도시이다. 핀란드를 대표하는 디자이너들의 숍이 모여
있는 에스플라나디 공원 주변과 디자인 디스트릭트에서는 자타공인 디자인
의 나라인 핀란드의 진면목을 확인할 수 있으며 활기가 넘치는 항구의 마켓 광
장에서는 소박하면서도 실용적인 헬싱키 사람들의 일상을 만날 수 있다. 영화
〈카모메 식당〉의 팬이라면 영화에 등장했던 장소들을 하나씩 찾아가보는 것
도 소중한 추억이 될 수 있다. 헬싱키에서 숙박하며 포르보나 투르쿠, 난탈리,
탐페레 등의 핀란드 남부 도시들로 당일치기 여행을 다녀오는 사람도 많고, 크
루즈 페리를 타고 에스토니아 탈린으로 색다른 여행을 다녀오기도 한다. 대부
분의 지역은 도보로 모두 돌아볼 수 있지만 조금 먼 거리를 이동해야 할 때는
도시 곳곳을 누비는 트램이나 버스를 이용해보자.

헬싱키 여행 정보 | www.myhelsinki.fi/en

· 찾아가기 ·

항공

우리나라에서는 핀에어(www.finnair.com/kr)가 헬싱키 공항까지 직항 편을 운항하며 유럽 항공사들과 일본 항공 등을 이용하면 경유 도시에서 한 번 환승하여 헬싱키로 들어갈 수 있다.

투르쿠, 포르보 등으로 가는 시외버스를 탈 수 있는 헬싱키의 시외버스 터미널Linja autoasema은 캄피 쇼핑센터(www.kamppi.fi/en) 지하에 있다. 마트카후올토Matkahuolto(www.matkahuolto.fi/en), 온니버스OnniBus(www.onnibus.com) 등의 홈페이지에서 티켓을 미리 예매하면 훨씬 저렴하게 구입할 수 있다. 자세한 버스 노선 및 운행 시간표는 각 회사 홈페이지 참고.

기차

헬싱키 중앙역Helsingin Päärautatieasema은 엘리엘 사리넨Eliel Saarinen이 설계한 웅장한 화강암 건물로, 높은 시계탑과 중앙 출입구 양옆의 공 모양 전등을 들고 있는 두 쌍의 거인상으로 유명한 헬싱키 도심의 랜드마크 중 하나이다. 헬싱키 공항 순환 철도와 근교 도시들로 운행되는 교외 통근 노선, 투르쿠, 탐페레, 로바니에미 등 핀란드 전역의 주요 도시들로 운행되는 장거리 노선 등이 다닌다. 헬싱키 메트로 Rautatientori역과 연결되어 있고 중앙역 바로 앞에 트램 역이 있으며 양옆으로는 버스 터미널이 있어 헬싱키 도심 교통의 허브 역할도 담당하고 있다. 자세한 기차 노선 및 운행 시간표는 핀란드 철도청 홈페이지(www.vr.fi/en)참고.

버스

©Viking Line

페리

우리나라 여행객이 가장 많이 이용하는 페리는 탈링크 실야 라인Tallink Silja Line(en.tallink.com/book-a-cruise)과 바이킹 라인Viking Line(www.sales.vikingline.com)의 헬싱키-탈린(에스토니아) 노선과 헬싱키-스톡홀름(스웨덴) 노선이다. 탈링크 실야 라인의 경우 탈린행은 웨스트 하버의 란시 터미널Länsiterminaali을, 스톡홀름행은 사우스 하버의 올림피아 터미널Olympiaterminaali을 이용하며 바이킹 라인은 모두 카타야노카 터미널 Katajanokanterminaali을 이용하기 때문에 자신이 탑승하는 페리와 행선지에 따라 터미널을 찾아가야 한다. 탈링크 실야 라인과 바이킹 라인의 티켓은 한국 내 판매 대리점이나 홈페이지에서 미리 예매할 수 있다.

TIP 핀란드 입국 시 여행자 휴대품 통관 규정(성인 1명 기준)

주류 | 비발포성 와인 4ℓ 및 맥주 16ℓ, 알코올 함량 22% 이상 주류 1ℓ 또는 알코올 함량 22% 이하 주류 2ℓ
담배 | 담배 200개비 또는 시가릴로 100개비 또는 시가 50개비 또는 기타 담배 250g
기타 품목 | 공항이나 항만 이용 시 €430, 육로 이용 시 €300 이하
* 좀 더 자세한 정보는 핀란드 관세청 홈페이지(www.tulli.fi/en/private-persons/travelling)참고.

• 헬싱키 공항 Helsinki Airport •

헬싱키 도심에서 약 20㎞ 떨어진 도시인 반타 Vantaa에 위치한 헬싱키 공항은 130개가 넘는 직항 노선을 가진, 스칸디나비아에서 가장 중요한 국제공항이다. 터미널은 셍겐 구역(5~36 게이트)과 비셍겐 구역(37~55 게이트)으로 나뉜다. 헬싱키 공항에 대한 좀 더 자세한 정보는 www.finavia.fi/en/airports/helsinki-airport 참고.

공항 & 파킹 안내소
Airport & Parking Info

관광 안내소는 아니며 공항 및 주차 관련하여 도움을 받을 수 있는 고객 센터이다. 도착 홀 1층(보안 검색 전)에 위치하며 24시간 운영한다. 셍겐 구역 29번 게이트와 비셍겐 구역 52번 게이트 근처에 있는 데스크는 항공 스케줄에 따라 오픈한다.

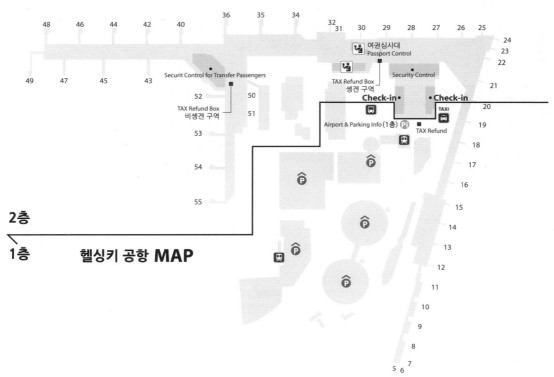

2층

1층   헬싱키 공항 **MAP**

공항 면세점 쇼핑

1 무민 캐릭터 제품
다양한 무민 캐릭터 제품을 무민 숍을 비롯하여 공항 곳곳의 기념품 상점에서 구입할 수 있다.

2 마리메코
헬싱키 공항에는 두 곳의 마리메코 매장이 있다. 미처 사지 못한 제품이 있다면 이곳에서 구입하자.

3 이딸라
규모는 작지만 이딸라의 주요 제품을 공항 면세점에서도 구입할 수 있다.

4 핀란드와 스칸디나비아 기념품
핀스퍼레이션Finspiration에서는 나무 제품부터 스웨터까지 다양하고 특별한 기념품을 찾을 수 있다.

5 루메네
핀란드의 대표적인 뷰티 브랜드 루메네Lumene의 제품도 면세점에서 만나볼 수 있다.

6 보드카
핀란드의 대표 보드카 핀란디아Finlandia를 비롯하여 다양하고 예쁜 보틀의 보드카는 선물용으로도 인기가 있다.

부가가치세 환급(Tax Refund)

핀란드에서는 EU 회원국이 아닌 국가의 여행자가 한 상점에서 €40(VAT 포함) 이상의 물건을 구입했을 경우, 상품 가격에 포함된 부가가치세를 환급받을 수 있다. 부가가치세를 환급받으려면 상품을 구입한 상점에서 세금 환급 서류를 받아 작성하고 출국 전 세관 확인 도장을 받은 후 환급 창구에서 현금으로 받거나(영수증당 €3의 수수료 있음) 신용카드로 나중에 받는 것 중 하나를 선택하면 된다. 대부분의 상점이 이용하는 글로벌 블루Global Blue의 환급 창구는 헬싱키 공항 터미널 도착층 1층에 있으며 이곳에서 확인 도장을 받고 신용카드로 환급 신청을 할 수 있다(월~일요일 09:00-21:45). 만약 오픈 시간이 아니어서 창구가 닫혀 있다면 옆의 세관에서 확인 도장을 받고 역시 면세 구역 내에 있는 글로벌 블루 창구에서 환급받을 수 있다. 구입한 물건을 짐에 넣어 부치지 않고 기내에 들고 탄다면 면세 구역 내에 있는 창구에서 바로 환급받을 수도 있다. 글로벌 블루 및 프리미어 택스프리Premier Taxfree의 자세한 위치와 오픈 시간은 헬싱키 공항 사이트 지도(hel-map.finavia.fi)에서 확인할 수 있다.

헬싱키 공항에서 시내로

1 | 순환 철도 P Train 또는 I Train

헬싱키 공항역	→ 28~33분, 편도 €4.10 (ABC존 티켓)	헬싱키 중앙역

2 | 600번 버스

도착 홀 1층 버스 정류장	→ 약 50분, 편도 €4.10 (ABC존 티켓)	헬싱키 중앙역 옆 라우타티엔 광장 시내버스 터미널

· 헬싱키 시내 교통 ·

헬싱키 구시가지의 관광지들은 도보로 충분히 돌아볼 수 있으며 걷기에는 조금 먼 관광지에 갈 경우에는 트램이나 메트로, 버스 등의 대중교통 수단을 이용하면 된다. 티켓 요금은 존에 따라 달라지며 시내 관광은 AB존 티켓으로 충분하다. 티켓은 HSL 애플리케이션을 설치하여 구입하는 것이 가장 편리하며 곳곳에 있는 R-kioski, 티켓 판매기 등에서 구입할 수 있다. Single Ticket과 1~13일간 사용할 수 있는 Day Ticket이 있으며 하루에 4번 이상 대중교통

을 이용할 것 같은 날에는 아예 Day Ticket을 구입하는 것이 더 경제적이다. 무임 승차 시 단속에 걸리면 벌금이 €80이니 주의하자. 운행 시간표 및 노선, 티켓 가격 등의 헬싱키 대중교통에 대한 좀 더 자세한 정보는 헬싱키 교통국 HSLHelsingin Seudun Liikenne의 홈페이지(www.hsl.fi/en) 참고.

승차권의 종류

Single Ticket

구입 후 80분~110분간(티켓 존에 따라 상이, 티켓에 표기된 시간 확인)유효하며, 그 시간 내에서는 자유롭게 환승할 수 있다. HSL 애플리케이션을 통해 구입할 경우 사용 시점 선택이 가능하다.

가격 | €3.1(AB존 기준, 80분간 유효)

Day Ticket (카드형)

Day Ticket 개시하기

1~13일까지 있으며 녹색의 IC 카드 형태의 티켓. 처음 사용할 때에는 트램, 버스, 메트로 때 역에 있는 카드 리더기에 카드를 대서 개시해야 하며 그 시간부터 24시간씩 계산된다. 트램이나 버스 내에서도 티켓 형태의 1일권을 구입할 수 있다.

가격 | 1일권 €9, 2일권 €13.5, 3일권 €18(AB존)

TIP · HSL 애플리케이션에서 승차권 구입하기

트램 Raitiolinjat

헬싱키의 가장 중요한 대중교통 수단으로 10개 노선이 있다. 대부분의 관광객들이 가장 쉽고 유용하게 이용할 수 있는 노선은 '관광 트램'이라고도 불리는 트램 2번과 3번이며 건축에 관심이 있을 경우에는 트램 4번, 디자인과 미식에 중점을 둔 여행을 하고 싶다면 트램 6번 노선을 눈여겨보자. 티켓 판매기에서 구입 시 트램 전용 티켓이 공용 티켓보다 저렴하다.

알아두면 유용한 TIP

- 앱에서 티켓을 구입하면 QR코드가 생긴다. 버스를 탈 때는 기사에게 티켓 QR코드를 제시하면 되고, 트램, 메트로 등은 우리나라처럼 탭Tap하면 열리는 개폐식 시스템이 아니기 때문에 바로 승·하차하면 된다. 단, 검표원이 불시에 수시로 검사를 하니 꼭 티켓을 구입하자.
- 시간이 찍혀 나오지 않는 데이 티켓(카드형)을 구입한 경우에는 우리나라처럼 카드리더기에 탭한 후 이용하면 된다. 기차는 승차하여 문 쪽에, 버스는 내부에, 메트로는 보통 플랫폼으로 연결되는 에스컬레이터 근처에 있다.
- 버스를 탈 때는 손을 뻗어 승차 신호를 보내야 정차한다. 파란색 버스는 꼭 앞문으로 타서 티켓을 기사에게 보여주거나 카드리더기에 인식해야 하고 주황색 버스는 중간 문을 이용해도 된다. 트램과 기차는 승·하차 시 버튼을 누르면 된다. 메트로에도 버튼이 있으며 자동으로 열리고 닫히는 경우가 많다.

TIP · 헬싱키 트램 이용법

1
트램 정류장에서 노선과 종착역 확인

2
버튼을 눌러 문을 열고 트램 탑승

3
카드형 Day Ticket은 트램 내 리더기에서 개시

4
다음 정류장은 전광판에서 확인

5
정류장 도착 전 하차 벨 누르기

6
도착 후 안전하게 하차

메트로 Metro

헬싱키의 메트로는 핀란드의 유일한 지하철이
자 세계에서 가장 북쪽에 있는 지하철이다. 노선
이 간단하여 이용하기 어렵지 않으며 중앙역에서
하카니에미 시장이나 마리메코 팩토리 아웃렛에
갈 때 유용하다. 자세한 노선은 www.hsl.fi/en/
timetables-and-routes/routemaps 참고.

버스 Bussit

헬싱키에는 약 120개의 시내버스 라인이 운영되어 관광객이 버스를 이용하기는 쉽지 않다. 꼭 이용해야
할 버스 노선이 있다면 여행 전에 내릴 정류장 이름을 미리 알아두는 것이 좋다. 가장 많이 이용하는 버스
노선은 헬싱키 공항과 시내의 중앙역 사이를 운행하는 600번과 시벨리우스 공원, 세우라사리 야외 박물
관 등을 경유하는 24번, 중앙역과 헬싱키 동물원 사이를 운행하는 16번 등이다. 버스 노선 및 운행 시간표
는 www.hsl.fi/en 참고.

도심에서 시벨리우스 공원과 세우라사리까지
운행하는 24번 버스

캄피 버스 터미널

택시 Taksi

헬싱키에서는 택시를 이용할 일이 거의 없지만 목적지가 트램 정류장에서 멀
거나 짐이 많을 경우에는 택시를 이용하는 것이 낫다. 택시는 호텔 리셉션에
요청하여 부르거나 시내 곳곳에 있는 택시 승강장에서 탑승할 수 있다. 기본
요금은 월~토요일 06:00-18:00은 €5.5, 일요일과 공휴일 및 18:00~06:00
는 €7.7이다. 그 이후에는 미터제로 요금이 올라간다. 좀 더 자세한 정보는
taksihelsinki.fi 참고.

페리 Lautta

헬싱키 교통국의 페리는 마켓 광장 앞 또는 카타야노카Katajanokka의 선착장에
서 수오멘린나에 갈 때 이용하게 되며 AB존 싱글 티켓을 각각 편도로 구입하
거나 페리를 포함하여 다른 교통도 이용할 경우에는 데이 티켓 1일권을 구
입하자.

나에게 맞는 헬싱키 트래블 카드는?
헬싱키 카드 Helsinki Card VS 헬싱키 시티 패스 Helsinki City Pass

트램, 지하철, 버스를 타고 다니며
다양한 박물관을 보고 싶다면

헬싱키 카드

빨간 2층 버스를 타고 관광하며
디너 크루즈도 타보고 싶다면

헬싱키 시티 패스

대중교통 수단 이용과 주요 관광지 및 박물관 입장, 파노라마 투어 버스, 수오멘린나 페리 이용 등의 혜택이 포함된 트래블 카드. Helsinki Card City와 Helsinki Card Region으로 나뉘며 Helsinki Card City 는 성인 24시간권 €48, 48시간권 €58, 72시간권 €66이다. 주요 호텔, 헬싱키 카드 홈페이지 등에서 구입할 수 있다. 주요 혜택 및 이용 정보는 www.helsinkicard.com 참고.

헬싱키의 주요 관광지 20곳을 도는 오픈 2층 버스인 Hop On/Off 버스, 로열 라인 관광 크루즈, 수오멘린나 투어, 주요 박물관 입장 할인 등이 포함되어 있는 트래블 패스. 홈페이지, Helsinki City Pass 애플리케이션, 로열 라인 관광 크루즈 및 Hop On/Off 버스를 운영하는 시티투어 CityTour에서 구입할 수 있다. 주요 혜택 및 이용 정보는 www.citypass.fi/lang/en 참고.

Hop On-Off 2층 버스

관광 안내소 Helsinki Tourist Information

📍 원로원 광장 건너편에 위치   🏠 Aleksanterinkatu 24, 00170 Helsinki
🕐 여름 시즌 월~금요일 09:00-19:00, 토~일요일 10:00-17:00, 겨울 시즌 월~금요일 09:30-17:00, 토~일요일 10:00-16:00

Helsinki

알토의 스튜디오
Aallon Ateljee

알토의 집
Aallon Kotitalo

세우라사리 야외 박물관
Seurasaaren Ulkomuseo

시벨리우스 기념비
Sibelius Monumentti

카페 레가타
Cafe Regatta

템펠리아우키오 교회
Temppeliaukion kirkko

헬싱키 중앙역
Helsingin Päärautatieasema

캄피 헬싱키
Kamppi Helsinki
Kamppi (kaukoliikenneterminaali, 장거리 버스 터미널)
Kamppi (lähiliikenneterminaali, 통근 버스 터미널)

에스플라나디 공원
Esplanadin Puisto

디자인 디스트릭트
Design District

사우나 뢰일리
Sauna Löyly

란시 터미널(탈링크 실야 라인 탈린행)
Länsiterminaali

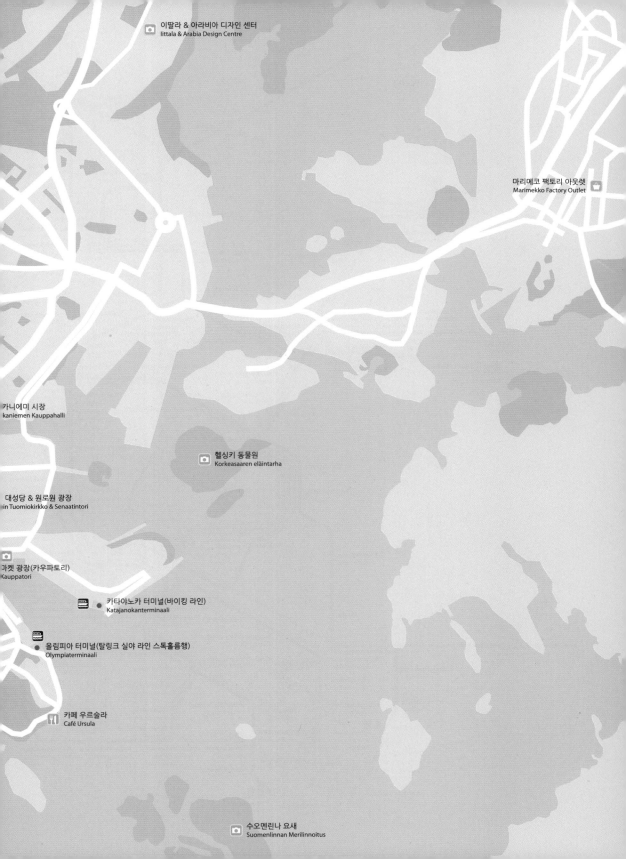

이딸라 & 아라비아 디자인 센터
Iittala & Arabia Design Centre

마리메코 팩토리 아웃렛
Marimekko Factory Outlet

카니에미 시장
kaniemen Kauppahalli

헬싱키 동물원
Korkeasaaren eläintarha

대성당 & 원로원 광장
in Tuomiokirkko & Senaatintori

마켓 광장(카우파토리)
Kauppatori

카타야노카 터미널(바이킹 라인)
Katajanokanterminaali

올림피아 터미널(탈링크 실야 라인 스톡홀름행)
Olympiaterminaali

카페 우르술라
Café Ursula

수오멘린나 요새
Suomenlinnan Merilinnoitus

kio

Arabia
Arabianranta
Arabiastranden

케마 디자인 센터

8

6

ttä
ng

Arabiankatu
Arabiagatan

mpulan kampus
mtäkts kampus

avalinkirkko
lus kyrka

lilan varikko
gårds depå

uhon puisto
hoparken

M Mellunmäki
Mellungsbacka

M Kontula
Gårdsbacka

tatarhankatu
dgårdsgatan

M Myllypuro
Kvarnbäcken

매무라스파모

마리메코 팩토리 아웃렛

| **M**
Kalasatama
Fiskehamnen | **M**
Kulosaari
Brändö | **M**
Herttoniemi
Hertonäs | **M**
Siilitie
Igelkottsvägen | **M**
Itäkeskus
Östra centrum | **M**
Puotila
Botby gård | **M**
Rastila
Rastböle | **M**
Vuosaari
Nordsjö |

inen

o

Tove Janssonin puisto
Tove Janssons park

Kauppiaankatu
Köpmansgatan

Vyökatu
Gördelgatan

Merisotilaantori
Flottisttorget

Ulkoministeriö
Utrikesministeriet

4

Kataja-
nokka
Skatudden

5

Katajanokan
terminaali
Skatuddens terminal

terminaali
minalen

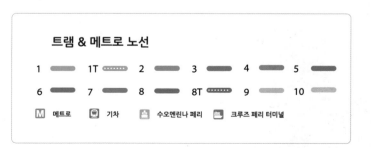

트램 & 메트로 노선

1   1T   2   3   4   5

6   7   8   8T   9   10

M 메트로   기차   수오멘린나 페리   크루즈 페리 터미널

히 스 토 리 컬
디 스 트 릭 트

히스토리컬 디스트릭트는 헬싱키 시내의 핵심 부분인 원로원 광장과 에스플라나디 공원, 마켓 광장을 포함하는 지역이다. 헬싱키의 주요 관광지와 핀란드대표 디자이너들의 플래그십 스토어, 유명 백화점, 맛집이 모두 모여 있는 곳이라 하루에 다 둘러보려면 시간이 모자랄 수도 있다.

Historical District

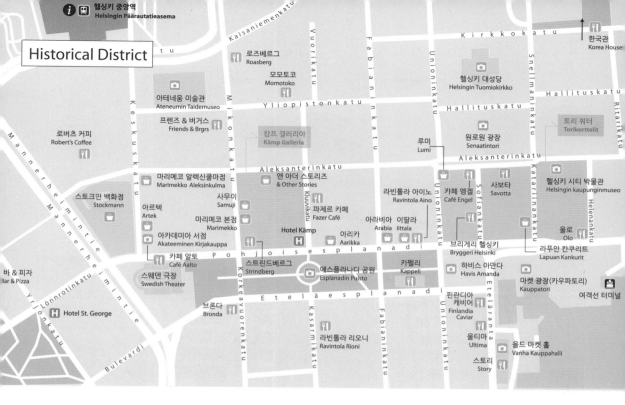

로즈베르그
Roasberg

모모토코
Momotoko

아테네움 미술관
Ateneumin Taidemuseo

프렌즈 & 버거스
Friends & Brgrs

캄프 갤러리아
Kämp Galleria

헬싱키 대성당
Helsingin Tuomiokirkko

한국관
Korea House

로버츠 커피
Robert's Coffee

루미
Lumi

원로원 광장
Senaatintori

토리 쿼터
Torikorttelit

마리메코 알렉신쿨마점
Marimekko Aleksinkulma

앤 아더 스토리즈
& Other Stories

라빈톨라 아이노
Ravintola Aino

카페 엥겔
Café Engel

사보타
Savotta

헬싱키 시티 박물관
Helsingin kaupunginmuseo

스토크만 백화점
Stockmann

아르텍
Artek

사무이
Samuji

파제르 카페
Fazer Café

아라비아
Arabia

이딸라
Iittala

올로
Olo

마리메코 본점
Marimekko

Hotel Kämp

아리카
Aarikka

브리게리 헬싱키
Bryggeri Helsinki

라푸안 칸쿠리트
Lapuan Kankurit

아카데미아 서점
Akateeminen Kirjakauppa

카페 알토
Café Aalto

스트린드베르그
Strindberg

에스플라나디 공원
Esplanadin Puisto

카펠리
Kappeli

하비스 아만다
Havis Amanda

마켓 광장(카우파토리)
Kauppatori

스웨덴 극장
Swedish Theater

여객선 터미널

바 & 피자
Bar & Pizza

브론다
Bronda

핀란디아 캐비어
Finlandia Caviar

Hotel St. George

라빈톨라 리오니
Ravintola Rioni

울티마
Ultima

올드 마켓 홀
Vanha Kauppahalli

스토리
Story

Travel Highlight

끼룩~ 끼룩

마켓 광장(카우파토리)

Kauppatori

헬싱키 항구 바로 앞에 있는 마켓 광장은 이름 그대로 헬싱키에서 가장 유명한 전통 시장이 열리는 곳이다. 상큼한 딸기, 체리, 블루베리 등을 비롯한 제철 과일, 채소, 싱싱한 생선 등의 식료품은 물론 다양한 수공예품, 기념품을 파는 곳도 많아 여행자들이 반드시 들르는 인기 스폿이 되었다. 포장마차처럼 생긴 노점에서 저렴하고 맛있는 길거리 음식을 맛볼 수 있다는 점도 매력적이다.

📍 헬싱키 항구 바로 앞, 트램 2번 Kauppatori 정류장 하차

🕐 월~금요일 06:30-18:00,
   토요일 06:30-16:00, 일요일(여름철만)
   10:00-17:00

올드 마켓 홀

Vanha Kauppahalli

1889년부터 이어진 전통을 자랑하는 전통 시장인 올드 마켓 홀은 구스타프 뉘스트룀Gustaf Nyström이 디자인한 고풍스러운 붉은 벽돌 건물에 있다. 내부 상점들은 목재 부스로 깔끔하게 단장되어 있는데 치즈, 생선, 해산물, 육류, 채소, 과일, 향신료, 커피, 차 등 주로 식료품을 판매하며 유명 브런치 레스토랑인 스토리, 로버츠 커피를 비롯하여 간단하게 식사를 즐길 수 있는 상점도 많아 항상 사람들로 붐빈다.

📍 헬싱키 항구, 마켓 광장에서 도보 2분

🕐 월~토요일 08:00-18:00, 일요일 휴무(여름철에는 일요일 10:00-17:00도 영업)

1 **Kumpi Peruna** 으깬 구운 감자 위에 원하는 토핑을 얹어 먹을 수 있는 레스토랑

2 **SOUP+MORE** 테이크아웃도 가능한 수프 전문점

3 마켓 홀 중앙에 자리 잡은
유명 브런치 카페 **Story**
4 **La Gelateria** 적당히 달콤하고 크리미한 아이스크
림을 맛볼 수 있는 젤라토 가게

곰고기 통조림

5 훈제 연어와 순록 살라미 등을 파는 핀란
드
전통 식료품점 **Kalaliike Marja Nätti**
6 간편하게 빵에 발라 먹는 순록 파테
7 **Nordic Caviar House** 캐비어 판매점이자
간단히 타파스처럼 즐길 수 있는 레스토랑

8 **Kalakauppa E. Eriksson** 타파스, 샌드위치, 수프, 연어 등
다양한 해산물을 맛볼 수 있는 곳
9 **Kalakauppa E. Eriksson** 에서 파는 통조림

헬싱키 대성당과 원로원 광장

Helsingin Tuomiokirkko ja Senaatintori

헬싱키 구시가지의 중심인 원로원 광장은 건축가 카를 루빙 엥겔Carl Ludvig Engel이 디자인한 4개의 신고전주의 건축물로 둘러싸여 있는데, 그중 광장 북쪽 면에 하얗게 빛나는 건물이 헬싱키에서 가장 인기 있는 관광 스폿 중 하나인 헬싱키 대성당이다. 1852년에 완공된 이 성당은 핀란드 루터교회 헬싱키 교구에 속해 있으며 일요일 오전 10시에 주일예배가 있다. 성당 지붕에 있는 12사도의 조각상들은 마치 도시를 수호하듯 광장을 굽어보며 지하에는 작은 예배당과 전시 공간, 여름철에만 운영하는 카페 등이 있다. 원로원 광장 중앙에 있는 동상은 러시아 황제 알렉산드르 2세이다. 예배 시간과 기타 행사가 있을 때는 관광객 입장이 불가하니 참고하자.

📍 헬싱키 구시가지 중심, 트램 2번, 4번, 5번, 7번 Senaatintori 정류장 하차

🏠 Unioninkatu 29, 00170 Helsinki

🕐 월~금요일 09:00-11:45, 12:30-18:00, 토요일 09:00-11:30, 일요일 11:30-18:00 (오픈 시간은 날짜에 따라 홈페이지 helsingintuomiokirkko.fi/에 게재)

에스플라나디 공원

Esplanadin Puisto

헬싱키 구시가지에 있는 시민들의 휴식 장소로 여름철 햇살 좋은 날에는 잔디밭에 앉아 일광욕을 즐기는 사람이 많다. 공원 한가운데 있는 동상은 핀란드의 국민 시인인 요한 루드비그 루네베리 Johan Ludvig Runeberg이며 공원 입구에는 여름철에 무료 콘서트가 열리는 무대인 Espa Stage가 있다. 공원과 Espa Stage에서는 5월이나 6월에 마리메코 패션쇼, 7월에는 재즈 콘서트를 비롯하여 유명한 행사가 많이 열린다. 공원과 마켓 광장 사이에는 빌레 발그렌Ville Vallgren이 디자인한 유명한 청동 분수인 하비스 아만다Havis Amanda가 있는데, 바다에서 나오는 아름다운 처녀의 모습을 표현한 이 분수는 '발트해의 딸'이라는 별명을 가진 헬싱키를 상징한다고 한다.

📍 헬싱키 항구 근처 마켓 광장 옆

Shopping

스토크만 백화점 Stockmann

1862년부터 이어져온 오랜 역사를 자랑하는 스칸디나비아에서 가장 큰 규모의 백화점이다. 헬싱키 구시가지의 번화한 거리에 있는 본점은 오다가다 들르기에 좋고 핀란드의 유명 브랜드들이 거의 다 입점해 있으며 제품 군도 다양하여 여러 상점을 돌아다닐 시간 여유가 없을 때 쇼핑하기에 좋다. 1층에는 화장품과 선글라스, 베이커리, 테이크 아웃 카페 등이 있으며 관광객에게는 마리메코 의류, 이바나 헬싱키, 난소, 사무이 등의 브랜드가 있는 3층 여성복 매장과 가구와 그릇, 인테리어 소품 등이 있는 5층 매장이 인기 있다. 8층의 고객 안내소에서는 여권만 제시하면 10% 할인 쿠폰(카페, 식료품, 담배, 주류 제외)을 받을 수 있으며 영수증 하나에 €40 이상 구입하면 이곳에서 부가가치세 환급도 받을 수 있다.

📍 중앙역에서 도보 5분, 에스플라나디 공원에서 도보 2분
🏠 Aleksanterinkatu 52, 00100 Helsinki
☎ +358 9 1211
🕐 월~금요일 10:00-20:00, 토요일 10:00-19:00, 일요일 12:00-18:00

-2AF / 푸드마켓

1F / 화장품 & 향수

3F / 여성복

5F / 홈 & 인테리어 디자인

아르텍

마리메코

8F / 고객 안내소 & 부가가치세 환급

10% 할인 쿠폰

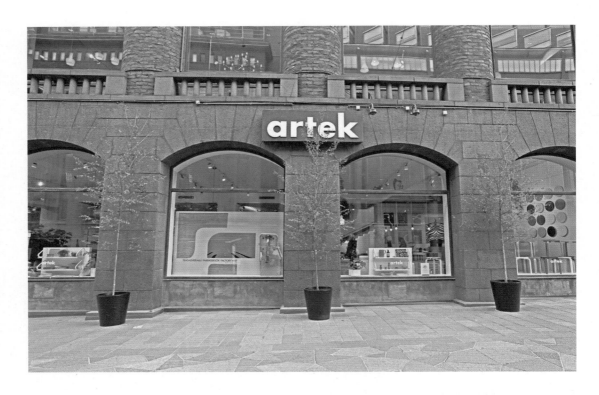

아르텍Artek

1935년 알바와 아이노 알토 부부, 마이레 굴릭센Maire Gullichsen, 닐스 구스타브 할Nils-Gustav Hahl이 함께 설립한 가구 브랜드인 아르텍은 알바 알토가 디자인한 실험적인 목재 가구를 판매하기 위해 시작된 회사이다. 2층으로 이루어진 아르텍 플래그십 스토어에서는 아르텍의 독창성 넘치는 가구와 조명, 홈 텍스타일 컬렉션, 인테리어 소품, 식기 등 다양한 제품을 판매하고 있다.

📍 스토크만 백화점 맞은편, 아카데미아 서점 옆

🏠 Keskuskatu 1B, 00100 Helsinki

☎ +358 10 617 3480

🕐 월~토요일 10:00-18:00, 일요일 휴무

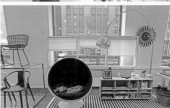

알바 알토의 명작 Stool 60

골든벨이라 불리는 펜던트 조명 A330

아리카 Aarikka

1954년 디자인을 전공하는 학생이었던 카야 아리카Kaija Aarikka가 직접 나무를 깎아 자신이 디자인한 옷에 어울리는 단추를 만든 것에서 시작된 회사로, 동글동글한 형태의 목재 장식이 디자인의 핵심이다. 따스하고 친환경적 디자인으로 오랜 시간 동안 사랑받고 있으며 가장 유명한 제품은 숫양 모양의 장식품 파시Pässi와 깜찍한 크리스마스 컬렉션 톤투Tonttu 요정 인형 등이다. 에스플라나디 공원 근처의 플래그십 스토어에서는 액세서리, 장난감, 기념품, 인테리어 소품 등을 모두 만나볼 수 있다.

📍 롱샴Longchamp 매장 바로 옆
🏠 Pohjoisesplanadi 27, 00100 Helsinki
☎ +358 9 652 277
🕐 월~금요일 10:00-18:00, 토요일 10:00-17:00,
　　일요일 휴무

아라비아 Arabia

1873년에 생긴 세라믹 브랜드인 아라비아는 핀란드뿐 아니라 북유럽 도자기의 역사라고 해도 과언이 아니다. 파라티시Paratiisi 라인과 24h 투오키오 Tuokio 라인, 아크티카Arctica 라인, 무민 라인 등이 유명하다. 이딸라와 함께 피스카스 그룹에 속해 있으며 이딸라 플래그십 스토어와 함께 있다.

📍 에스플라나디 공원 근처, 이딸라 매장 옆
🏠 Pohjoisesplanadi 23, 00100 Helsinki
☎ +358 20 439 3501
🕐 월~금요일 10:00-19:00,
　　토요일 10:00-17:00, 일요일 12:00-16:00

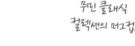

무민 클래식
컬렉션의 머그컵

아카데미아 서점
Akateeminen Kirjakauppa

1893년에 생긴 핀란드에서 가장 유명한 서점으로 현재의 서점 건물은 핀란드의 국민 건축가이자 디자이너인 알바 알토Alvar Aalto가 1961~1969년 설계한 것이다. 하얀 대리석 건물의 내부는 3층으로 이루어져 있는데, 2층과 3층은 중간 부분이 비어 있는 회랑 구조로 되어 있어 1층까지 천장의 채광창을 통해 들어오는 자연광으로 가득 찬다. 정문의 높이가 다른 3개의 손잡이부터 기하학적 모양의 채광창, 아름다운 조명, 입구 바닥에 있는 발바닥 모양의 재미있는 장식까지 서점 곳곳에 알바알토의 창의적이면서도 실용적인 디자인이 숨어 있다.

📍 스토크만 백화점 별관 건물(지하 통로로 스토크만 백화점과 연결)

🏠 Pohjoisesplanadi 39, 00101 Helsinki

☎ +358 20 760 8999

🕐 월~금요일 09:00-20:00, 토요일 09:00-18:00, 일요일 11:00-18:00

사무이 Samuji

2009년 헬싱키에서 시작된 디자인 스튜디오로 편안하면서도 세련된 디자인을 추구한다. 사무이의 기본적인 콘셉트는 매일 입어도 질리지 않는 클래식하면서도 심플한 디자인이지만 시즌별로 출시되는 Samuji Seasonal 컬렉션에서는 좀 더 컬러풀하고 자유분방한 디자인의 제품을 만나볼 수 있다.

📍 트램 7번 Snellmaninkatu 정류장에서 도보 2분

🏠 Liisankatu 17, 00170 Helsinki

☎ +358 40 014 9360

🕐 월~금요일 10:00-20:00, 토요일 10:00-17:00, 일요일 12:00-16:00

이딸라 Iittala

1881년 핀란드 남부의 '이딸라'라는 작은 마을의 유리 제품 공장에서 시작된 핀란드 테이블 웨어를 대표하는 브랜드이다. 20세기에 들어서면서 알바 알토Alvar Aalto, 아이노 알토Aino Aalto, 카이 프랑크Kaj Franck라는 걸출한 디자이너들이 주요 제품 라인을 디자인하면서 세계적인 브랜드로 이름을 날리게 되었다. 이딸라 플래그십 스토어에서는 인기 있는 제품 라인을 모두 만나볼 수 있다.

📍 에스플라나디 공원 근처, 아라비아 매장 옆   🏠 Pohjoisesplanadi 23, 00100 Helsinki
☎ +358 20 439 3501   🕐 월~금요일 10:00-19:00, 토요일 10:00-17:00, 일요일 12:00-16:00

알바 알토 컬렉션   유리 공예의 걸작, 버드 바이 토이카

마리메코 Marimekko

1951년 아르미 라티아Armi Ratia가 설립한 핀란드의 국민 브랜드 마리메코는 헬싱키 구시가지와 주요 백화점, 쇼핑센터, 공항 등에 매장이 있어 어느 곳에서나 쉽게 쇼핑을 즐길 수 있다. 그중 관광객이 가장 많이 방문하는 매장은 헬싱키 구시가지에 있는 알렉신쿨마Aleksinkulma점으로, 세련된 디스플레이가 돋보이는 2층 규모의 매장에는 우니코 등 클래식 라인을 비롯하여 최신 인기 제품이 가득하다.

📍 에스플라나디 공원에서 스토크만 백화점과 아카데미아 서점 사잇길로 도보 3분
🏠 Aleksanterinkatu 50, 00100 Helsinki(알렉신쿨마점)
☎ +358 44 719 4834
🕐 월~금요일 10:00-19:00,
　　토요일 10:00-18:00, 일요일 12:00-17:00

카페 알토 Café Aalto | 카페 |

아카데미아 서점 2층에 있는 카페 알토는 영화 〈카모메 식당〉에서 사치에와 미도리가 처음 만난 장소로 영화 팬이라면 꼭 들르는 성지와도 같은 곳이다. 알토의 골든벨 조명, 아르네 야콥센의 앤트 체어 등 디자인에 관심 많은 사람이라면 좋아할 만한 인테리어도 이곳이 인기를 얻는 이유 중 하나이다. 커피와 달콤한 케이크를 즐기는 사람이 많은데, 다른 카페에 비해 가격은 조금 비싼 편이다.

📍 아카데미아 서점 2층
🏠 Pohjoisesplanadi 39, 00100 Helsinki
☎ +358 50 492 4942
🕐 월~금요일 09:00-21:00, 토요일 09:00-19:00, 일요일 11:00-18:00
€ 커피 €4.3~11.9, 시나몬 롤 €5.9, 아침 식사 €12.7~15.2, 샌드위치 €14.9~16.9

카펠리

Kappeli | 카페 & 핀란드 요리 |

에스플라나디 공원 내에 있는 카펠리는 1867년에 오픈하여 150년 동안 자리를 지켜온 유서 깊은 카페 겸 레스토랑이다. 시벨리우스를 비롯한 핀란드의 아티스트들이 즐겨 찾던 곳으로 유명하여 그들의 이름을 붙인 세트 메뉴도 판매하고 있다. 내부의 왼쪽은 카페, 중앙은 바, 오른쪽은 레스토랑으로 나뉘어 있으며 여름철에는 테라스 석도 오픈한다.

📍 에스플라나디 공원 입구, 마켓 광장에서 도보 3분
🏠 Eteläesplanadi 1, 00130 Helsinki
☎ +358 10 766 3880
🕐 월~토요일 10:00-24:00, 일요일 10:00-22:00, 일부 공휴일 오픈 시간 변동
€ 오늘의 수프 €15.9(일반 수프 €20.5~25), 3코스 런치 €39, 메인 €31.5~47.5, 키즈 메뉴 €12~17

파제르 카페 Fazer Café | 카페 & 브런치 |

핀란드의 가장 큰 제과 회사인 파제르가 운영하는 파제르 카페의 본점은 카를 파제르Karl Fazers가 1891년 카페와 케이크점을 열었던 그 자리에서 아직도 운영되고 있다. 천장이 유리 돔으로 덮여 있는 안쪽의 살롱은 고풍스러운 아름다움을 뽐내며 여름철에는 입구 앞에 있는 노천 테라스 석이 더 인기가 있다. 아침 식사나 브런치, 런치 뷔페를 즐기기 위해 찾는 사람이 많으며 달콤한 케이크, 핫 초콜릿도 인기 메뉴이다. 무민 캐릭터를 비롯하여 여러 가지 모양으로 예쁘게 포장된 과자와 사탕, 수제 초콜릿 등 선물용으로 좋은 기념품도 판매하고 있다.

📍 호텔 캄프Hotel Kämp와 롱샴Longchamp 매장 사잇길로 도보 2분

🏠 Kluuvikatu 3, 00100 Helsinki

☎ +358 40 590 2434

🕐 월~금요일 07:30-22:00, 토요일 09:00-22:00, 일요일 10:00-18:00

€ 커피 €3.4~, 조각 케이크 €5.8~, 조식 뷔페(평일) €17.9, 브런치 뷔페(주말) €35.9

브론다 Bronda | 지중해 요리 & 바 |

헬싱키의 스타 요리 듀오 토미 비요르크Tomi Björck와 마티 위크베르크Matti Wikberg가 다섯 번째로 함께 오픈한 레스토랑으로 헬싱키 시민들에게 최고의 인기를 누리고 있는 핫 플레이스이다. 내부는 높은 천장과 독특한 조명 등으로 스타일리시하게 꾸며져 있으며 2~3코스로 구성된 런치 메뉴가 인기 있다. 식사 시간에 방문하려면 미리 예약을 하는 것이 좋다.

📍 에스플라나디 공원에서 횡단보도 건너 바로

🏠 Eteläesplanadi 20, 00130 Helsinki

☎ +358 10 322 9388

🕐 **런치** 월~금요일 11:30-15:00, **디너** 월요일 15:00-23:00, 화~금요일 15:00-24:30, 토요일 12:00-24:30, 일요일 휴무

€ 런치 메뉴 2코스 €31, 3코스 €40, 테이스팅 메뉴 €65~69(음료 불포함)

올로 Olo | 미슐랭 1스타, 북유럽 요리 |

미슐랭 1스타 레스토랑으로 예술적이고 창의적인 북유럽 요리를 즐길 수 있는 곳이다. 스타 셰프인 야리 베시발로Jari Vesivalo는 아름다운 플레이팅에 계절별로 엄선한 식재료의 신선한 맛이 그대로 살아 있는 모던하고 미니멀한 요리를 만들어내는 것으로 유명하다. 미리 홈페이지(olo-ravintola.fi/en/)를 통해 예약하고 가는 것이 좋다.

📍 마켓 광장 앞, 스웨덴 대사관 옆 건물

🏠 Pohjoisesplanadi 5, 00170 Helsinki

☎ +358 10 320 6250

🕐 화~목요일 18:00-24:00, 금~토요일 16:00-24:00, 일~월요일 휴무

€ 더 메뉴 €139~189

핀란디아 캐비어

Finlandia Caviar | 캐비어 숍 & 레스토랑 |

항구 앞 마켓 광장 근처에 있는 핀란드산 캐비어 전문 숍 겸 레스토랑이다. 깔끔하고 아름다운 북유럽풍 인테리어로도 유명하며 먹기 아까울 정도로 예쁜 캐비어 요리를 샴페인, 화이트 와인, 보드카 등 가장 잘 어울리는 술과 함께 세트로 구성해놓은 메뉴들은 캐비어를 처음 접하는 사람들도 거부감 없이 먹을 수 있다. 매일 잡아 올리는 신선한 생굴도 이 집의 인기 메뉴 중 하나이다.

📍 마켓 광장과 올드 마켓 홀 사이, 항구 근처
🏠 Eteläesplanadi 20, 00130 Helsinki
☎ +358 46 922 4952
🕐 월~목요일 12:00-21:00, 금~토요일 12:00-22:00, 일요일 휴무
€ Paris 메뉴 €55, Helsinki 메뉴 €25, 파스타 €25~35

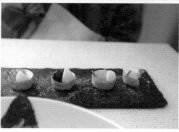

스토리

Story | 아침 식사 & 브런치 |

올드 마켓 홀 한가운데에 자리 잡고 있는 유명한 맛집이다. 아침 식사와 런치 메뉴 외에도 에그 베네딕트, 오믈렛, 팬케이크 등의 단품 메뉴도 인기가 있으며 식사 시간이 아니라면 맛있는 케이크와 샌드위치를 주문해보자. 햇살이 잘 드는 실내 좌석 외에 여름철에는 항구 쪽 야외 석에 앉을 수도 있다. 캄피 쇼핑센터 내에도 지점이 있다.

📍 올드 마켓 홀 내
🏠 Eteläranta, 00130 Helsinki
☎ +358 50 454 2762
🕐 월~토요일 08:00-17:00(오픈 시간은 유동적), 일요일 시즌에 따라 한시적 운영
€ 연어 수프 €15.9 런치 €10.5~18.5

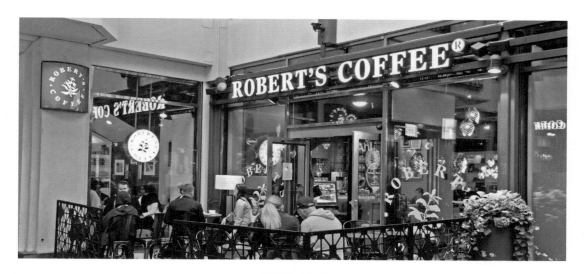

로버츠 커피

Robert's Coffee | 핀란드 커피 체인점 |

핀란드 커피 체인점인 로버츠 커피는 공항, 기차역, 백화점, 쇼핑센터 등에 모두 입점해 있어 헬싱키 여행 중에 가장 자주 만나게 되는 카페이다. 1987년 로버트 파울리그Robert Paulig가 작은 커피 로스터리를 열면서 시작된 로버츠 커피는 지금은 스웨덴, 에스토니아, 일본 등 해외까지 진출한 핀란드의 대표 커피 체인점이 되었다. 다양한 커피 외에도 샌드위치, 케이크, 수제 젤라토를 판매하며 원두도 구입할 수 있다.

📍 스토크만 백화점 맞은편(본점)
🏠 Aleksanterinkatu 21, 00100 Helsinki
☎ +358 9 6227 1960
🕐 월~목요일 07:00-22:00, 금요일 07:00-22:00, 토요일 08:00-22:00, 일요일 09:00-21:00
€ 커피, 차 €3.4~7.9, 베이커리 종류 €3.4~

라빈톨라 리오니

Ravintola Rioni | 조지아 요리 |

전통 조지아 요리를 맛볼 수 있는 아늑한 분위기의 레스토랑으로 투르쿠, 탐페레, 에스포 등에도 지점이 있다. 하차푸리Khachapuri를 비롯해 고기만두 같은 낀깔리Khinkali, 채소 수프 로비오Lobio 등 다양한 조지아 요리를 맛볼 수 있으며 비건 메뉴도 제공한다.

📍 에스플라나디 공원 근처, 마켓 광장에서 도보 6분
🏠 Kasarmikatu 25, 00130 Helsinki
☎ +358 050 551 2264
🕐 월~목요일 11:00-22:00(금요일 ~24:00), 토요일 13:00-24:00(일요일 ~22:00)
€ 스타터 €9.5~12, 메인 요리 €22~29, 디저트 €11~14.5

한국관 Korea House | 한식 |

헬싱키의 아시안 요리 레스토랑들이 대부분 한식 퓨전 요리를 제공하는 것에 비해 한국관은 헬싱키에서 유일하게 제대로 된 한국 요리를 먹을 수 있는 곳이다. 내부는 한복 입은 인형들과 항아리, 전통 가구, 한글 등으로 꾸며져 있어 한국 전통문화에 대한 주인의 자부심과 사랑이 느껴진다. 정갈하고 맛있는 요리는 한국 사람뿐만 아니라 헬싱키 시민들에게도 인기가 있다.

📍 헬싱키 대성당 뒤쪽으로 도보 7분
트램 7번 Kansallisarkisto 정류장에서 도보 3분

🏠 Mariankatu 19, 00170, Helsinki   ☎ +358 9 135 7158

⏰ 월~금요일 11:00-22:00, 토요일 12:00-22:00, 일요일, 공휴일, 연말~연초 휴무

€ 순두부 찌개 €15, 비빔밥 종류 €17~19.5, 런치 €12~15.5

라빈톨라 아이노 Ravintola Aino | 핀란드 레스토랑 |

핀란드의 색깔을 잃지 않으면서 누구나 즐길 수 있는 요리를 맛보고 싶다면 이곳은 주목하자. 핀란드 전통조리 방식을 따르는 메뉴는 생선, 순록 고기, 야채, 버섯 등 모두 핀란드 현지의 제철 재료를 사용하며 와인과 맥주도 핀란드산을 제공하고 있다.

📍 에스플라나디 공원 근처, 이딸라 옆

🏠 Pohjoisesplanadi 21, 00100 Helsinki

☎ +358 9 624 327

⏰ 월~금요일 11:30-22:30, 토요일 16:00-22:30, 일요일 휴무

€ 런치 메인 €17.5~36.5, 코스 €48~56.9, 아라카르트 €11.5~38.5

울티마 Ultima | 북유럽 요리 |

레스토랑 내에서 최첨단 시스템을 통해 야채와 허브, 감자를 직접 재배해 식재료로 사용하고 있는 울티마는 헬싱키에서 지금 가장 독특하고 실험적인 레스토랑 📍 마켓 광장과 올드 마켓 홀 사이, 항구 근처

🏠 Eteläranta 16, 00130 Helsinki

☎ +358 300 472 341

⏰ 월~토요일 18:00-23:30, 일요일 휴무

€ 코스 €74, €96, 토요일 런치 코스 €55

모모토코 Momotoko | 아시안, 일식 |

다양한 종류의 일본식 라멘을 맛볼 수 있는 곳으로 장시간 끓인 육수로 만든 국물이 일품이다. 라멘 외에도 일본식 닭 튀김인 가라아게나 타코야키, 일본식 덮밥인 돈부리 등을 판매한다.

📍 갤러리아 에스플라나드에서 도보 4분

🏠 Yliopistonkatu 5, 00100 Helsinki

☎ +358 50 466 4951

⏰ 월~목요일 11:00-21:00, 금~토요일 11:00-22:00, 일요일 11:00-20:00

€ 라멘 €15.5, 돈부리 €15, 키즈 메뉴 €8

프렌즈 앤 버거스 Friends & Brgrs | 햄버거 |

헬싱키 뿐만 아니라 덴마크 코펜하겐 등에도 지점이 있는 수제 햄버거 전문점. 직접 만들어서 사용하는 빵과 마요네즈 등 엄선된 재료를 사용해 만든 웰메이드 버거는 기대를 뛰어넘는 맛으로 높은 만족감을 준다. 오픈 키친으로 되어 있어 주문과 동시에 조리되는 과정을 눈으로 볼 수 있는 것도 장점이다.

📍 아테네움 미술관에서 도보 2분
🏠 Mikonkatu 8, 00100 Helsinki
☎ +358 44 29 00 034
🕐 월~목요일 10:30-22:00, 금요일 10:30-23:00, 토요일 11:00-23:00, 일요일 12:00-21:00
€ 햄버거 €9~10, 햄버거 세트 (감자튀김, 음료 포함) €13.9~15.9

푸테스 바 & 피자 Putte's Bar & Pizza | 피자 |

주문하면 바로 구워서 나오는 이곳의 정통 이탈리안 피자는 절로 군침이 도는 비주얼과 뛰어난 맛으로 현지인들을 사로잡았다. 낮 시간에는 점심식사로 피자를 제공하고 저녁이 되면 각종 이벤트가 열리는 멋진 바로 변신한다.

📍 스토크만 백화점에서 도보 7분
🏠 Kalevankatu 6, 00100 Helsinki
☎ +358 50 438 1443
🕐 월~목요일 11:00-23:00, 금요일 11:00-01:00, 토요일 12:00-01:00, 일요일 12:00-22:00
€ 피자 €12.9~18.5

스트린드베르그 Strindberg | 카페 & 레스토랑 |

1층에는 카페, 2층에는 레스토랑과 바를 겸하고 있는 스트린드버그는 헬싱키의 도심 중심 에스플라나디 공원과 멀지 않은 곳에 위치한다. 카페에서는 커피, 차와 함께 달콤한 베이커리를 맛보며 쉬어가고 차분한 분위기의 레스토랑과 바는 헬싱키에서의 본격적인 저녁 식사를 위한 공간이다.

📍 캄프 갤러리아 쇼핑몰 1층에 위치
🏠 Pohjoisesplanadi 33, 00100 Helsinki ☎ +358 9 6128 6900
🕐 레스토랑 월~금요일 11:30-23:00, 토요일 13:00-23:00, 일요일 휴무
카페 월~목요일 09:00-20:30, 금요일09:00-21:00, 토요일 10:00-21:00, 일요일 12:00-20:00
€ 카페 마카롱, 조각 케이크, 시나몬롤 등 €3.7~8.6
레스토랑 메인 €24.5~37.9, 런치 3코스 €52

로즈베르그 Roasberg | 카페 |

향과 맛이 풍부한 커피, 안락한 소파, 무료 와이파이, 이른 아침부터 늦은 시간까지 열려있는 여유 있는 영업시간이 매력적인 카페. 수프와 샌드위치, 케이크를 먹으면서 커다란 창문을 통해 보이는 헬싱키 중앙역을 감상하는 것도 좋다. 지하에는 와인을 판매하는 바도 있다.

📍 헬싱키 중앙역에서 도보 3분, 아테네움 미술관 바로 옆
🏠 Mikonkatu 13, 00100 Helsinki
☎ +358 45 649 6080
🕐 월~목요일 09:00-22:00, 금요일 09:00-24:00, 토요일 10:00-24:00, 일요일 10:00-22:00
€ 커피 €3.9~6.7, 샐러드 €13.5~16.5

토 리 쿼 터

Torikorttelit

원로원 광장과 마켓 광장 사이에 있는 토리 쿼터는 1700~1900년대 초까지 헬싱키의 상업과 사교 중심지였던 제정러시아 시대의 건물들을 스타일리시한 카페와
레스토랑, 개성 넘치는 상점, 박물관 등으로 개조하여 시민과 관광객 모두에게 사랑받는 장소로 거듭난 곳이다. 길거리 음식 축제인 Streat Helsinki, 크리스마스
마켓을 비롯한 다양한 이벤트도 이곳에서 열린다.

📍 트램 2번, 4번, 5번, 7번 Senaatintori 정류장 하차

@ www.torikorttelit.fi/en

1 헬싱키 시티 박물관
Helsingin Kaupunginmuseo

원로원 광장 모퉁이에 있는 헬싱키 시티 박물관은 여러 가지 전시품과 사진을 통해 헬싱키의 과거를 생생하게 체험해볼 수 있는 박물관이다. 박물관 숍에서는 깜찍한 트램 모형, 트램이 프린트된 에코백, 빈티지한 느낌의 헬싱키 테마 엽서, 헬싱키 그림책 등 독특한 기념품을 판매하니 꼭 들러보자.

📍 원로원 광장 대각선 방향

🏠 Aleksanterinkatu 16, 00170 Helsinki

🕐 월~금요일 11:00-19:00, 토~일요일 11:00-17:00, 하지 기간, 12/6, 12/24~12/25 휴관

€ 무료

@ www.helsinginkaupunginmuseo.fi/en

2 루미
Lumi

핀란드의 프리미엄 가죽 액세서리 브랜드 루미는 핀란드어로 '눈Snow'이라는 뜻의 이름처럼 간결하고 순수한 이미지의 디자인을 추구하는 브랜드이다. 원로원 광장에 면해 있는 플래그십 스토어 루미 슈퍼마켓에는 가방과 신발, 가죽 장갑, 지갑 등의 다양한 제품을 갖추고 있다.

📍 원로원 광장 앞 토리 쿼터

🏠 Aleksanterinkatu 28, 00170 Helsinki

☎ +358 20 734 8871

🕐 월~금요일 10:00-18:00, 토요일 10:00-17:00, 일요일 12:00-17:00(겨울철에는 일요일 휴무)

3 라푸안 칸쿠리트 Lapuan Kankurit

1917년부터 4대째 100년 전통의 가업을 이어오고 있는 라푸안 칸쿠리트는 리넨과 울 등의 최고급 천연 소재만을 사용하여 자연 친화적인 프로세스로 홈 인테리어와 사우나 제품을 만드는 회사이다. 유럽 최고 수준의 텍스타일 제품과 목욕 용품을 구입할 수 있다.

📍 마켓 광장에서 헬싱키 시청 옆 골목으로 도보 1분
🏠 Katariinankatu 2, 00170 Helsinki
☎ +358 50 538 8244
🕐 월~금요일 11:00-18:00, 토요일 10:00-16:00, 일요일 휴무

4 사보타 Savotta | 핀란드 전통 요리 |

헬싱키 대성당 맞은편에 위치한 사보타는 핀란드 각 지역의 전통 요리를 전문으로 하는 레스토랑이다. 메인 요리들이 모두 맛있지만 특히 순록 고기 요리가 관광객에게 최고의 인기를 누리고 있다. 저녁 시간에는 많이 붐비는 편이라 예약을 하는 것이 좋다.

📍 헬싱키 대성당 맞은편 토리 쿼터
🏠 Aleksanterinkatu 22, 00170 Helsinki
☎ +358 9 7425 5588
🕐 월~수요일 16:00-23:00, 목~토요일 12:00-23:00, 일요일 17:00-23:00
€ 메인 요리 €25.9~63.9, 3코스 메뉴 €52~77

5 카페 엥겔 Café Engel | 카페 & 아침 식사 |

카를 루빙 엥겔Carl Ludvig Engel이 디자인한 아름다운 신고전주의 건물에 위치한 카페 엥겔은 헬싱키 대성당과 원로원 광장의 멋진 뷰를 감상하며 한가로운 시간을 보낼 수 있는 곳이다. 아침 식사 메뉴는 오픈 시간부터 오후 5시까지 제공하며 오후에는 커피와 케이크를 즐기기에 좋다.

📍 헬싱키 대성당 맞은편 토리 쿼터

🏠 Aleksanterinkatu 26, 00170 Helsinki

☎ +358 9 652776

🕐 월~금요일 08:00-21:00, 토요일 09:00-21:00, 일요일 10:00-19:00

€ 아침 식사 €6.9~17.2, 샐러드 €16.7, 케이크 €8.4, 커피 €3.9~6.3

6 브리게리 헬싱키

Bryggeri Helsinki | 크래프트 맥주 펍 |

브루 마스터들이 직접 양조한 맥주를 비롯하여 핀란드 마이크로 브루어리들에서 양조한 신선하고 다양한 크래프트 맥주와 아라카르트 메뉴를 함께 파는 브루어리 펍 겸 레스토랑이다. 지하의 실내 좌석 및 안뜰의 테라스 좌석이 있다. 맥주 샘플러를 먼저 주문해보고 마음에 드는 맥주를 추가로 주문하는 것이 좋다.

📍 원로원 광장과 마켓 광장 사이 토리 쿼터

🏠 Sofiankatu 2, 00170 Helsinki

☎ +358 50 439 3628

🕐 월~화요일 15:00-23:00, 수~목요일 12:00-24:00, 금~토요일 12:00-02:00, 일요일 휴무

€ 버거, 치킨 €16.9~24.9, 메인 요리 €22.5~39.5, 맥주(400ml) €7.8~10.9

캄프 갤러리아

Kämp Galleria

헬싱키 구시가지의 가장 중심부, Hotel Kämp와 함께 있는 캄프 갤러리아는 인기 있는 패션 브랜드를 포함한 40여 개의 숍과 레스토랑, 카페 등이 있는 럭셔리 쇼핑센터이다. 워낙 관광지 한가운데에 있는 데다가 마리메코, 앤 아더 스토리즈, 리모와, 아르켓 등의 브랜드가 모두 모여 있어 쇼핑하기 편리하다.

📍 트램 2번, 4번, 5번, 7번 Aleksanterinkatu 정류장 하차   🏠 Pohjoisesplanadi 33, 00100 Helsinki
☎ +358 45 694 9914   ⏰ 월~금요일 09:00-20:00, 토요일 09:00-18:00, 일요일 11:00-18:00, 1/1, 12/6, 12/24~25 휴무
@ www.kampgalleria.com/en

앤 아더 스토리즈 & Other Stories

H&M 그룹의 최신 브랜드인 앤 아더 스토리즈의 첫 번째 플래그십 스토어가 2017년 초 갤러리아 에스플라나드 1층에 문을 열었다. 발랄하고 톡톡 튀는 디자인의 옷과 신발, 가방, 액세서리, 뷰티 & 메이크업 제품까지 모든 아이템을 만나볼 수 있다.

📍 알렉산테린카투Aleksanterinkatu 쪽 입구
🏠 Aleksanterinkatu 42 A, 00100 Helsinki
☎ +358 20 332164
⏰ 월~금요일 11:00-20:00, 토요일 11:00-18:00, 일요일 12:00-17:00

아르켓 ARKET

아르켓은 H&M이 코스COS에 이어 출시한 두 번째 프리미엄 브랜드로 오랫동안 착용할 수 있는 디자인을 추구한다. 탄소 발자국을 줄이기 위해 세심하게 제작된 제품들은 미니멀하면서도 깔끔한 노르딕 스타일로 사랑받고 있으며 카페도 같이 운영한다.

📍 알렉산테린카투Aleksanterinkatu 쪽입구
🏠 Aleksanterinkatu 44, 00100 Helsinki
☎ +358 20 332 178
⏰ 월~금요일 11:00-20:00, 토요일 11:00-18:00, 일요일 12:00-17:00

마리메코 Marimekko

갤러리아 에스플라나드의 미콘카투Mikonkatu 쪽 입구에는 마리메코의 플래그십 스토어가 자리하고 있다. 2층 규모의 매장은 규모가 크지 않지만 클래식한 아이템부터 신상품까지 고루 갖추고 있다.

📍 미콘카투Mikonkatu 쪽 입구
🏠 Mikonkatu 1, 00100 Helsinki
☎ +358 50 572 5632
⏰ 월~금요일 10:00-19:00, 토요일 11:00-17:00, 일요일 12:00-16:00

디 자 인
디 스 트 릭 트

디자인 디스트릭트는 에스플라나디 공원 남쪽과 서쪽 지구를 부르는 말로, 25개 거리에 아트 갤러리, 디자인 숍과 앤티크 숍, 패션 부티크, 레스토랑, 공방, 박물관, 디자인 호텔 등 독특하고 개성 있는 200여 개의 가맹점들이 몰려 있는 헬싱키 디자인의 보고이다. 대부분의 상점이 일요일에는 문을 닫기 때문에 주중에 방문하는 것이 좋다. 홈페이지(designdistrict.fi/en)에 상점과 레스토랑 위치와 오픈 시간 등의 정보가 모두 나와 있다.

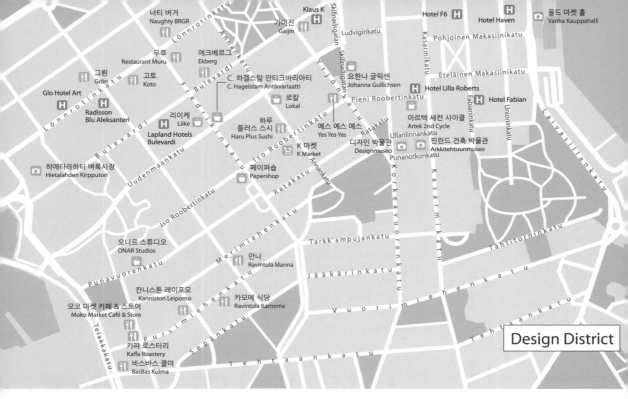

너티 버거
Naughty BRGR

가이진
Gaijin

Klaus K

Hotel F6

Hotel Haven

올드 마켓 홀
Vanha Kauppahalli

Pohjoinen Makasiinikatu

무루
Restaurant Muru

에크베르그
Ekberg

C. 하겔스탐 안티크바리아티
C. Hagelstam Antikvariaatti

Etelainen Makasiinikatu

그뢴
Grön

고토
Koto

Glo Hotel Art

요한나 글릭센
Johanna Gullichsen

Hotel Lilla Roberts

Hotel Fabian

Radisson
Blu Aleksanteri

리이케
Liike

하루
플러스 스시
Haru Plus Sushi

로칼
Lokal

Pieni Robertinkatu

아르텍 세컨 사이클
Artek 2nd Cycle

Lapland Hotels
Bulevardi

예스 예스 예스
Yes Yes Yes

Ullanlinnankatu

핀란드 건축 박물관
Arkkitehtuurimuseo

히에타라하티 벼룩시장
Hietalahden Kirpputori

페이퍼숍
Papershop

K 마켓
K Market

디자인 박물관
Designmuseo

Punanotkonkatu

오나르 스튜디오
ONAR Studios

만나
Ravintola Manna

칸니스톤 레이포모
Kanniston Leipomo

카모메 식당
Ravintola Kamome

모코 마켓 카페 & 스토어
Moko Market Café & Store

카파 로스터리
Kaffa Roastery

바스바스 쿨마
BasBas Kulma

Design District

Travel Highlight

히에타라하티 벼룩시장
Hietalahden Kirpputori

헬싱키에서 가장 큰 규모의 야외 벼룩시장으로 여름철에 햇살 좋은 날 나들이하듯 들러보기 좋다. 이 딸라, 아라비아, 마리메코, 무민 등 핀란드 대표 브랜드의 세컨드 핸드 제품과 수집가들도 탐내는 빈티지 제품이 많아 보물찾기하는 마음으로 재미있게 구경할 수 있다. 벼룩시장을 돌아보다가 배가 고프거나 지쳐서 쉬고 싶을 때는 바로 옆에 있는 마켓 홀로 들어가면 된다. 날씨가 좋지 않으면 열리지 않는 경우도 있고 매장 수도 줄어든다.

📍 트램 6번 Hietalahdentori 정류장 하차

🕐 월~금요일 06:30-18:00, 토요일 06:30-16:00(5~9월은 일요일 10:00-16:00에도 오픈)

디자인 박물관
Designmuseo

디자인 왕국 핀란드의 진면목을 확인할 수 있는 박물관으로 1895년 건축가 구스타프 뉘스트룀이 디자인한 클래식한 벽돌 건물에 있다. 핀란드를 대표하는 브랜드들의 가구, 식기, 가전제품 등 7만 5000점이 넘는 전시품과 4만 5000장의 드로잉, 12만 5000장의 사진 등의 상설 전시 외에도 다양한 특별전이 열린다. 2017년 핀란드 독립 100주년을 맞아 2020년까지 완전히 새로워진 컬렉션을 선보인다.

📍 에스플라나디 공원에서 도보 8분 / 트램 10번, Johanneksenkirkko 정류장 하차

🏠 Korkeavuorenkatu 23, 00130 Helsinki

🕐 9~5월 화요일 11:00-20:00, 수~일요일 11:00-18:00, 월요일, 1/1, 5/1, 하지 기간, 12/6, 12/24~26 휴관 / 6월 매일 11:00-18:00 / 7~8월 월~금요일 11:00-20:00, 토~일요일 11:00-18:00

€ 성인 €15, 헬싱키 카드 소지자 무료

@ www.designmuseum.fi/en

핀란드 건축 박물관
Arkkitehtuurimuseo

디자인 박물관 옆에 있는 19세기 네오 르네상스 양식의 아름다운 건물에는 핀란드 건축 박물관이 있다. 19세기 핀란드 건축에 대한 설계도, 모형, 사진 자료들의 상설 전시와 다양한 주제의 특별 전시가 열리는데 건축 전공자가 아니라면 크게 흥미로운 볼거리가 없어서 실망할 수도 있다. 건축에 관심이 많다면 박물관 서점과 도서관도 들러보자.

📍 디자인 디스트릭트 디자인 박물관 옆

🏠 Kasarmikatu 24, 00130 Helsinki

🕐 화요일 11:00-20:00, 수~일요일 11:00-18:00, 월요일, 1/1, 부활절 기간, 5/1, 예수 승천일, 하지 기간, 11/2, 12/6, 12/24-26 휴관

€ 성인 €10, 18세 미만, 헬싱키 카드 소지자 무료, 매달 마지막 주 화요일 무료

@ www.mfa.fi/frontpage

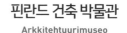

Shopping

C. 하겔스탐 안티크바리아티
C. Hagelstam Antikvariaatti

디자인 디스트릭트의 중심 거리인 프레드리킨카투 Fredrikinkatu에 있는 고서점이다. 초판본이나 절판된 희귀본을 많이 가지고 있는 것으로 유명한데 예술, 건축, 과학, 철학, 인문학, 소설 등 범주가 매우 다양하다. 책 먼지가 풀풀 날 것 같은 서점 내부는 온통 진귀한 책들로 가득 차 있어 책을 좋아하는 사람이라면 재미있게 둘러볼 수 있다. 쇼윈도에 오래된 지도와 판화, 포스터 등이 전시되어 있어 지나가는 사람들의 눈길을 사로잡는다.

📍 트램 1번, 3번, 6번 Fredrikinkatu 정류장에서 도보 2분

🏠 Fredrikinkatu 35, 00120 Helsinki

☎ +358 9 649 291

🕐 월~금요일 11:00-18:00, 토요일 11:00-15:00, 일요일 휴무

로칼 Lokal | 갤러리 & 디자인 숍 |

전시 공간이자 디자인 숍 겸 커피 코너도 있는 로칼
은 '72% Art 28% Coffee'라는 부제를 내걸고 있
다. 로칼에 들어서면 부제의 의미를 몸소 느낄 수 있
는데 사진작가로 20년 넘게 활동해 온 카트야 하겔
스탐Katja Hagelstam이 2012년에 오픈한 곳이다.
전시는 약 한 달 주기로 바뀌며 어느 하나 놓치고 싶
지 않은 작품들로 감각 있게 진열한다.

📍 트램 10번 Kolmikulma 정류장에서 도보 3
　분, 트램 1번, 3번, 6번 Fredrikinkatu 정류장
　에서 도보 4분

🏠 Annankatu 9, 00120 Helsinki

☎ +358 41 314 1794

🕐 화~금요일 12:00-18:00, 토요일 12:00-
　16:00, 일~월요일 휴무

페이퍼숍 Papershop

디자인 디스트릭트에서 가장 인기 있는 상점 중 하
나로 달력, 공책, 카드와 엽서, 포스터, 포장지, 상자,
사무 용품 등 종이로 만든 제품을 판매한다. 프린트
가 예쁘고 아기자기한 제품이 많아 구경하는 재미
가 쏠쏠하니 꼭 구매하지 않는다고 해도 그냥 지나
치지 말고 들러보자. 가격이 만만치 않은 편이지만
디자인 문구류를 좋아하는 사람이라면 가게를 통째
로 사고 싶을 정도로 매력적인 아이템이 넘쳐난다.

📍 트램 1번, 3번 Iso Roobertinkatu 정류장 하차

🏠 Fredrikinkatu 18, 00120 Helsinki

☎ +358 45 359 9319

🕐 월~금요일 10:00-18:00, 토요일 11:00-
　16:00, 일요일 휴무

요한나 글릭센 Johanna Gullichsen

핀란드의 대표적인 텍스타일 디자이너 요한나 글릭센의 Textile Craft & Design은 스칸디나비아 텍스타일 전통을 현대적으로 해석한 직물 브랜드이다. 독특하고 심플한 패턴과 편안한 색감, 자연 친화적인 재료로 튼튼하고 오래 써도 질리지 않는 제품을 만드는데 지갑, 가방, 주방 용품, 가구, 욕실 용품, 홈 인테리어 제품 등 제품 영역이 다양하다. 기하학적 패턴과 입체적 디자인이 돋보이는 다양한 크기의 가방이 가장 인기 있는 아이템이다. 본점은 디자인 디스트릭트를 대표하는 상점 중 하나로 디자이너 요한나 글릭센을 직접 만나는 행운도 기대해볼 수 있다.

📍 트램 10번 Kolmikulma 정류장 근처 / 디자인 박물관에서 도보 3분

🏠 Erottajankatu 1, 00130 Helsinki

☎ +358 9 637 917

🕐 월~금요일 10:00-18:00, 토요일 11:00-16:00, 일요일 휴무

아르텍 세컨드 사이클
Artek 2nd Cycle

디자인 디스트릭트의 지하에 숨겨져 있는 이 보물창고 같은 매장은 아르텍의 세컨드 핸드 제품을 구입할 수 있는 곳이다. 600㎡ 넓이의 창고형 매장은 가구와 조명, 세라믹 제품, 테이블 웨어 등 다양한 아르텍의 중고 제품들로 가득 채워져 있는데, 한쪽에 잔뜩 쌓여 있는 '스툴 60'을 비롯하여 손때 묻은 중고 가구들은 새것보다 더 자연스럽고 빈티지한 아름다움이 느껴진다. 지금은 판매하지 않는 20세기 초반의 클래식한 제품도 있어 아르텍의 팬이라면 꼭 들러봐야 하는 곳이다.

📍 디자인 박물관에서 도보 3분, Hotel Lilla Roberts 맞은편

🏠 Pieni Roobertinkatu 4-6, 00130 Helsinki

☎ +358 50 595 9262

🕐 목~금요일 11:00-18:00(그 외 시간은 예약제로 오픈)

오나르 스튜디오 ONAR Studios

2014년에 헬싱키를 기반으로 설립한 디자인 하우스로 ONAR는 고대 그리스어로 '꿈'을 뜻한다. 의류, 액세서리, 가죽 가방, 니트웨어를 전문으로 제작하며 어울릴 것만 같지 않은 소재를 융합해 미니멀하면서도 강렬한 제품을 선보인다. 모든 제품은 핀란드, 그리스 등에서 수작업으로 만든다.

📍 트램 6번 Telakanpuistikko 정류장에서 도보 4분
🏠 Punavuorenkatu 19, 00150 Helsinki
☎ +358 44 237 2918
🕐 화~금요일 11:00-18:00, 토요일 11:00-16:00, 일~월요일 휴무

리이케 Liike

2000년에 문을 연 셀렉트 숍으로 핀란드의 패션 흐름뿐만 아니라 선정된 각 디자이너만의 비전을 볼 수 있다. 디자이너는 숍에 나와 고객의 의견에 귀를 기울이며 자신의 관점을 나누기도 한다. 자신의 개성을 살린 패션을 원하는 방식으로 진열할 수 있어 신진 디자이너에게는 안성맞춤의 공간이자 매장에 온 손님은 7~8명의 디자이너를 통해 패션 안목을 넓힐 수 있다.

📍 트램 1번, 3번 Iso Roobertinkatu 정류장 및 트램 1번, 3번, 6번 Fredrikinkatu 정류장에서 도보 2분
🏠 Fredrikinkatu 24, Helsinki
☎ +358 45 154 8870
🕐 월~금요일 11:00-18:00, 토요일 11:00-16:00, 일요일 휴무

에크베르그 Ekberg | 카페 & 브런치 |

1852년에 문을 연 핀란드에서 가장 오랜 역사를 자랑하는 카페인 에크베르그는 현지인들도 많이 찾는 아늑한 분위기의 카페이다. 직접 구워낸 다양한 빵과 햄, 치즈, 오믈렛, 과일, 디저트, 커피나 차, 주스로 구성된 조식 뷔페가 유명한데, 주말에는 좀 더 많은 종류가 추가된 브런치 뷔페를 선보인다. 여름철에는 테라스 석에서 커피와 달콤한 케이크를 즐기는 사람도 많다. 카페 옆에는 핀란드에서 가장 오래된 베이커리를 운영하고 있어 빵만 구입할 수도 있다.

📍 트램 1번, 3번, 6번 Fredrikinkatu 정류장 하차

🏠 Bulevardi 9, 00120 Helsinki

☎ +358 9 6811 860

🕐 **카페** 월~금요일 07:30-19:00, 토~일요일 09:00-18:00

   조식/브런치 월~금요일 07:30-10:30, 토~일요일 09:00-14:30

   런치 월~금요일 11:00-14:00

€ 커피 €4.2~5.9, 파이, 샌드위치 €12.9~18.9

카모메 식당
Ravintola Kamome | 핀란드 & 일식 |

일본 영화 〈카모메 식당〉을 촬영한 레스토랑으로
우리나라와 일본, 중국 등 동양인 관광객들이 영화
를 보고 많이 찾는 곳이다. 내부 인테리어는 영화 속
카모메 식당을 연상시키며, 직접 만든 두부, 가리비,
와규 등 최고급 식재료로 만든 고품질의 전통 일식
을 맛볼 수 있다.

📍 트램 1번, 3번 Viiskulma 정류장 하차 후 도
보 5분

🏠 Pursimiehenkatu 12, 00150 Helsinki

☎ +358 9 657 422

🕐 월~금요일 11:00-21:00, 토요일 13:00-
21:00, 일요일 휴무

€ 평일 런치 메뉴 €12.7~15.5, 두부 샐러드 €8,
야키토리 세트(라지) €29.5, 커리 €16.7~18

모코 마켓 카페 & 스토어
Moko Market Café & Store
| 인테리어 디자인 숍 & 카페 |

두 자매가 운영하는 카페로 각각 디자인 디스트릭
트와 헬싱키 외곽에 2개의 매장을 운영하고 있다.
인테리어 용품을 판매하는 매장과 카페가 함께 있
는데 빈티지한 인테리어 소품과 가구, 식기와 주방
용품, 욕실 용품, 의류 등 판매 제품의 종류가 매우
다양하다. 카페에서는 음료와 아침 식사, 런치, 주말
브런치를 판매한다.

📍 트램 1번 Telakkakatu 정류장에서 도보 1분

🏠 Perämiehenkatu 10, 00150 Helsinki

☎ +358 10 315 6156

🕐 월~금요일 08:00-18:00, 토요일 10:00-
17:00, 일요일 휴무

€ 커피 €2.5~, 아침 식사 €13.5~15.5, 런치 메뉴
€12~15.5

고토 Koto | 스시 & 우동 |

스시와 사시미, 데리야키 연어와 치킨, 돈가스와 튀김, 생선 구이, 우동 등 정통 일본
요리를 판매하는 레스토랑이다. 주중 점심시간에는 훨씬 저렴한 가격에 거의 모든
메뉴를 즐길 수 있다. 현지인들은 스시를 먹으러 많이 찾는데, 날씨가 쌀쌀한 날에
는 뚝배기에 담겨 나오는 뜨끈한 튀김 우동과 전골 요리도 추천할 만하다.

📍 트램 1번, 3번, 6번 Fredrikinkatu 정류장에서 도보 4분
🏠 Lönnrotinkatu 22, 00120 Helsinki
☎ +358 9 646 080
🕐 월~금요일 11:30-14:30, 17:00-22:00, 토요일 13:00-22:00, 일요일 휴무
€ 런치 메뉴 €13.5~23.5, 덮밥 종류 €22~26

그뢴 Grön | 미슐랭 1스타 레스토랑 |

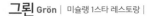

스웨덴어로 'Green'이란 뜻의 그뢴은 이름처럼 신선한 유기농 재료를 사용해 창
의적인 요리를 만든다. 메인은 생선, 고기, 치킨, 채소 요리와 비건 채식자를 위한
요리로 나뉜다. 재철 재료를 사용함은 물론이고 각 재료를 직접 재배하는 로컬들
과 연계하고 있어 더욱 신선하고 영양가 높은 요리로 만족감을 준다. 홈페이지
(www.restaurantgron.com)에서 예약 필수.

📍 트램 1번, 3번, 6번 Fredrikinkatu 정류장 및
　트램 6번 Hietalahdenkatu 정류장에서 도보 6분
🏠 Albertinkatu 36, 00180 Helsinki
☎ +358 50 328 9181
🕐 수~금요일 17:00, 20:00, 토요일 13:00, 17:00, 20:00,
　일~화요일 휴무
€ 그뢴 메뉴 & 그뢴 비건 메뉴 €148

바스바스 쿨마

BasBas Kulma | 와인, 그릴 요리 |

'이보다 더 아늑할 수 없다'를 몸소 보여주는 와인 바로 늦은 밤까지 여행의 아
쉬움을 달래거나 여운을 즐기기에 더 없이 좋다. 소믈리에인 니콜라스와 셰프
인 칼레가 의기 투합하여 만든 곳으로 비스트로인 바스케리 앤 바소Baskeri &
Basso도 함께 운영하고 있다. 그릴 요리에 와인 한 잔을 곁들여 헬싱키의 밤을
붙잡아 보자.

📍 트램 1번 Perämiehenkatu 정류장에서 도보 2분
🏠 Tehtaankatu 27-29, 00150 Helsinki
☎ +358 44 230 5900
🕐 수~목요일 16:00-24:00, 금요일 16:00-01:00, 토요일 14:00-24:00, 일~
　화요일 휴무
€ 와인 €11~13, 대표 옵션 메뉴 €50(전식 메뉴2+
　그릴 메뉴 2+사이드 메뉴 1+디저트 1)

예스 예스 예스

Yes Yes Yes | 채식 전문 레스토랑 |

바 겸 레스토랑인 예스 예스 예스는 시각과 미각을
모두 사로 잡는다. 떠오르는 현지 아티스트들의 작
품과 바나나 나무, 핑크 의자, 민트색 바 의자, 대리
석 테이블 등으로 꾸민 공간은 저절로 카메라를 꺼
내게 만든다. 양이 푸짐한 편은 아니니 주문할 때 참
고하자.

📍 트램 10번 Kolmikulma 정류장 및
　Johanneksenkirkko 정류장에서 도보 1분
🏠 Iso Roobertinkatu 1, 00120 Helsinki
☎ +358 9 6128 5130
🕐 화~금요일 16:00-23:00, 토요일 12:00-
　23:00, 일요일 휴무
€ 먼치즈 종류 €13, 단품 메뉴 €15~17, 테이스
　팅 메뉴 €56

칸니스톤 레이포모

Kanniston Leipomo | 베이커리 |

1914년에 오픈하여 100년이 넘는 전통을 자랑하
는 베이커리로 디자인 디스트릭트에 있는 본점인
푸나부오리Punavuori점을 비롯하여 헬싱키 시내에
여러 개의 매장을 운영하고 있다. 시나몬 롤, 상큼한
베리류나 사과를 얹은 뿔라, 핀란드식 도넛인 뭉키,
핀란드 전통 파이 피라카, 담백한 호밀빵 등 온갖 종
류의 핀란드 전통 빵을 비롯하여 케이크와 수제 잼
등을 판매한다. 테이블에 앉아 빵과 커피로 아침 식
사를 하는 사람도 많다.

📍 트램 1번 Telakkakatu 정류장 하차 후 도보
　3분
🏠 Kankurinkatu 6, 00150 Helsinki
☎ +358 10 548 9400
🕐 월~금요일 08:00-17:00, 토요일 09:00-
　16:00, 일요일 휴무
€ 시나몬 롤 €3.7, 커피 €2.8~4.2

가이진 Gaijin | 아시안 퓨전 |

헬싱키에서 평이 좋은 Goldfish, Farang, Boulevard Social, Bronda, Levain 등을 운영하는 두 명의 셰프가 2011년에 오픈한 레스토랑으로 미슐랭 가이드의 빕 구르망 등급을 받은 곳이다. 한식, 일식 및 북부 지역의 중식을 재해석해 고급스러우면서도 모던한 요리를 내놓는다.

📍 트램 1번, 3번, 6번 Erottaja 정류장 맞은 편에 위치
🏠 Bulevardi 6, 00120 Helsinki
☎ +358 10 322 9381
🕐 월~토요일 17:00-24:00, 일요일 17:00-23:00, 1/1 휴무, 공휴일 영업 시간 상이
€ 포크 립 €29, 메인 요리 €30~44, 테이스팅 메뉴 €77~99

무루 Restaurant Muru | 시즌 요리 |

최고의 재료로 만든 요리와 그에 어울리는 와인의 환상적인 조합이 돋보이는 곳이다. 메뉴는 계절 및 식재료에 따라 거의 매일 바뀌며 가장 인기 있는 것은 4코스 데일리 메뉴이다. 와인에 정통한 곳인만큼 레스토랑에서 모퉁이를 돌아 조금만 가면 무루에서 운영하는 와인 바도 만날 수 있다.

📍 트램 1번, 3번, 6번 Fredrikinkatu 정류장에서 도보 3분
🏠 Fredrikinkatu 41, 00120 Helsinki
☎ +358 300 472 335
🕐 화~토요일 17:00-23:30, 일~월요일 휴무
€ 4코스 데일리 메뉴 €59

너티 버거 Naughty BRGR | 햄버거 |

핀란드 요리 서바이벌 프로그램 'Top Chef Suomi'의 우승자가 차린 햄버거 가게로 항상 북적거린다. 대표 햄버거인 '너티'는 육즙이 흐르는 두툼한 소고기 패티, 루꼴라, 체다와 블루 치즈, 베이컨으로 만든 잼 등이 어울어져 단짠의 완벽한 합을 이룬다. 탐페레, 투르쿠 등에도 지점이 있으며 여름 시즌에는 트럭도 운영한다.

📍 트램 1번, 3번, 6번 Fredrikinkatu 정류장에서 도보 4분
🏠 Lönnrotinkatu 13, 00120 Helsinki
☎ +358 40 516 4040
🕐 월~토요일 11:00-22:00, 일요일 12:00-20:00
€ 햄버거 €10.9~14.9, 사이드 메뉴 €3.9~6.9, 키즈 밀 €7.9

하루 플러스 스시 Haru Plus Sushi | 스시 뷔페 |

신선하고 질 좋은 식재료로 만든 스시 뷔페로 가성비와 가심비가 모두 좋은 편이다. 스시 외에도 간단한 튀김 요리, 샐러드 및 디저트를 제공한다. 물, 차, 커피, 레모네이드 등의 음료는 물론 아사히 맥주, 사케, 와인 등도 있다.

📍 트램 1번, 3번 Iso Roobertinkatu 정류장에서 도보 3분
🏠 Annankatu 6, 00120 Helsinki
☎ +358 44 989 8962
🕐 월~금요일 11:00-21:00, 토~일요일 12:00-21:00
€ 런치 뷔페 €14.9 디너 뷔페 €18.9, 주말 뷔페 €19.9

카파 로스터리

Kaffa Roastery | 로스터리 카페 |

모코 마켓 카페 & 스토어 옆에 있는 카파 로스터리
는 2017 헬싱키 커피 페스티벌에서 핀란드 베스트
커피숍으로 뽑힐 정도로 커피 맛이 좋은 스페셜티
커피 전문점이다. 직접 로스팅한 커피 원두와 관련
용품도 판매하며 로스터리 스쿨도 운영하고 있다.

📍 트램 1번 Telakkakatu 정류장 바로 앞

🏠 Pursimiehenkatu 29, 00150 Helsinki

☎ +358 50 428 8315

🕐 월~금요일 08:00-18:00, 토요일 10:00-
17:00, 일요일 휴무

€ 아메리카노 €3.7, 라테 €5, 핸드 브루 €5.5

만나

Ravintola Manna | 한식 |

작고 아늑한 분위기의 한식 레스토랑으로 테이블이
적은 편이라 사람이 몰리는 식사 시간대에는 예약
하는 것을 추천한다. 점심에는 비빔밥 위주로, 저녁
에는 더 다양한 메뉴를 선보이며 가격은 점심이 조
금 더 저렴하다. 헬싱키에서 직접 만든 두부가 들어
간 김치찌개는 칼칼한 음식이 생각날 때 안성맞춤
이다.

📍 트램 1번, 3번 Viiskulma 정류장에서 도보 2분

🏠 Merimiehenkatu 18, 00150 Helsinki

☎ +358 50 344 5562

🕐 화~목요일 11:00-14:30, 16:40-22:00, 금요
일 11:00-22:30, 토요일 12:00-22:30, 일~월
요일 휴무

€ 김치전 €11.9, 떡볶이 €18,
비빔밥 €17.9~20.9, 치킨 €20.9~23.9

그 린
디 스 트 릭 트

그린 디스트릭트는 캄피 지구, 중앙역 주변과 위쪽 지역을 포함하는데, 특히 중앙역 위쪽 지역은 초록의 녹음이 우거진 공원들이 많아 헬싱키 시민의 휴식처가 되는 곳이다. 캄피 지구에는 중앙역 다음으로 헬싱키 교통의 허브 역할을 담당하는 장거리 버스 정류장이 있으며 헬싱키에서 가장 인기 있는 관광 스폿 중 하나인 템펠리아우키오 교회도 이 지역에 속한다. 하루 정도는 번잡한 도심에서 벗어나 한가로운 헬싱키를 즐겨보자.

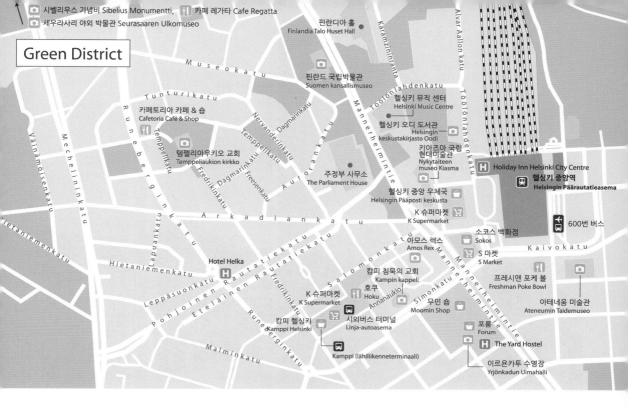

시벨리우스 기념비 Sibelius Monumentti, 카페 레가타 Cafe Regatta
세우라사리 야외 박물관 Seuraasaaren Ulkomuseo

핀란디아 홀
Finlandia Talo Huset Hall

M u s e o k a t u

핀란드 국립박물관
Suomen kansallismuseo

헬싱키 뮤직 센터
Helsinki Music Centre

T u n t u r i k a t u

카페토리아 카페 & 숍
Cafetoria Café & Shop

헬싱키 오디 도서관
Helsingin
keskustakirjasto Oodi

템펠리아우키오 교회
Temppeliaukion kirkko

키아즈마 국립
현대미술관
Nykytaiteen
museo Kiasma

주정부 사무소
The Parliament House

Holiday Inn Helsinki City Centre

헬싱키 중앙역
Helsingin Päärautatieasema

A r k a d i a n k a t u

헬싱키 중앙 우체국
Helsingin Pääposti keskusta

K 슈퍼마켓
K Supermarket

600번 버스

소코스 백화점
Sokos

K a i v o k a t u

아모스 렉스
Amos Rex

S 마켓
S Market

Hotel Helka

캄피 침묵의 교회
Kampin kappeli

프레시맨 포케 볼
Freshman Poke Bowl

Hietaniemenkatu

K 슈퍼마켓
K Supermarket

호쿠
Hoku
Annankatu

무민 숍
Moomin Shop

아테네움 미술관
Ateneumin Taidemuseo

캄피 헬싱키
Kamppi Helsinki

시외버스 터미널
Linja-autoasema

포룸
Forum

The Yard Hostel

M a l m i n k a t u

캄피
Kamppi (lähiliikenneterminaali)

이르욘카투 수영장
Yrjönkadun Uimahalli

Travel Highlight

핀란드 국립박물관
Suomen Kansallismuseo

선사시대부터 19세기까지 핀란드의 역사와 문화를 한눈에 볼 수 있는 박물관이다. 중세의 견고한 성채를 연상시키는 박물관 건물은 1902년 건축 공모에서 우승을 차지한 핀란드의 건축가 헤르만 게젤리우스Herman Gesellius, 아르마스 린드그렌Armas Lindgren, 엘리엘 사리넨Eliel Saarinen이 설계한 것이다. 박물관 중앙 홀의 천장에는 '칼레발라' 서사시 속 이야기를 그린 악셀리 갈렌 칼렐라Akseli Gallen-kallela의 프레스코화가 있다. 상설 전시에는 사미족을 포함한 핀란드의 민속 문화 컬렉션과 은 식기, 갑옷, 러시아 황제의 의자, 괘종시계 등 핀란드의 다양한 시대별 유물이 있다. 단, 대대적인 리노베이션을 거쳐 2027년 봄에 재개관 예정이다.

📍 중앙역에서 도보 10분 / 트램 4번, 10번 Kansallismuseo 정류장 하차
🏠 Mannerheimintie 34, 00100 Helsinki
@ www.kansallismuseo.fi/en/kansallismuseo

©Comma Image Oy

©Comma Image Oy

아테네움 미술관

Ateneumin Taidemuseo

핀란드 회화와 조각의 가장 방대한 컬렉션을 자랑하는 미술관이며 핀란드의 예술사를 한눈에 볼 수 있는 곳이기도 하다. 18~20세기의 예술 작품들은 4300점이 넘는 회화 작품과 750개의 조각 작품으로 이루어져 있는데 가장 유명한 전시 작품으로는 핀란드의 구전 서사시 '칼레발라'의 이야기를 묘사한 악셀리 갈렌 칼렐라Akseli Gallen-Kallela의 3폭짜리 그림 ❶ 〈Aino Myth〉(1891), 에로 예르네펠트Eero Järnefelt의 가장 유명한 작품인 〈Raatajat rahanalaiset(Under the Yoke)〉(1893), 핀란드인에게 가장 사랑받는 예술 작품으로 뽑힌 후고 심베리Hugo Simberg의 ❷ 〈Kuoleman puutarha(The Garden of Death)〉(1896), ❸ 〈Haavoittunut enkeli(The Wounded Angel)〉(1903) 등이 있다. 상설 전시 외에도 다양한 작가와 테마의 특별전이 개최되며 내부에서는 사진 촬영이 금지되어 있다.

📍 헬싱키 중앙역 대각선 맞은편 / 트램 5번, 7번 Mikonkatu 정류장 하차
🏠 Kaivokatu 2, 00100 Helsinki
🕐 화~금요일 10:00-20:30, 토~일요일 10:00-17:00, 월요일 휴무
€ 성인 €20, 18세 미만, 뮤지엄 카드 소지자 무료
@ www.ateneum.fi

키아즈마 국립 현대미술관
Nykytaiteen museo Kiasma

핀란드를 대표하는 현대미술관 중 하나로 1998년에 문을 열었다. 8000점이 넘는 현대미술 작품을 상설 전시하며 매년 3개의 주요 전시와 여러 개의 작은 전시 프로젝트를 진행한다. 미국의 유명 건축가 스티븐 홀Steven Holl이 만든 기하학적 디자인의 박물관 건물은 헬싱키의 주요 랜드마크 중 하나로 유명하다. 1층에는 키아즈마 시어터와 카페, 기념품점, 짐 보관소 등이 있으며 전시 공간은 2~5층에 나뉘어 있다. 미술관 앞 광장에는 핀란드의 위대한 정치인 칼 구스타프 에밀 만네르헤임Carl Gustaf Emil Mannerheim 남작의 동상이 있다.

📍 중앙역 옆 만네르헤임 광장 / 트램 1번, 2번, 4번, 10번 Lasipalatsi 정류장 하차

🏠 Mannerheiminaukio 2, 00100 Helsinki

🕐 화~금요일 10:00-20:30, 토요일 10:00-18:00, 일요일 10:00-17:00, 월요일, 성금요일, 부활절 월요일, 5/1, 하지 기간, 21/6, 12/24~25 휴무

€ 성인 €20, 학생 €12, 18세 미만, 헬싱키 카드 소지자 무료, 매달 첫째 금요일 무료

@ www.kiasma.fi/en

©Joel Rosenberg /
Central Art Archives of Finnish National Gallery

이르욘카투 수영장
Yrjönkadun Uimahalli

1928년에 문을 연 핀란드에서 가장 오래된 공공 수영장으로 영화 〈카모메 식당〉에서 사치에가 수영을 하던 곳으로 등장했다. 수영장과 사우나가 함께 있는데 클래식하고 웅장한 분위기가 인상적이다. 남성과 여성 각각 이용 시간이 나뉘어 있어 수영복을 입지 않아도 된다. 1층 입장권에는 수영장과 일반 사우나 이용만 포함되어 있으며 2층 입장권에는 수영장과 모든 사우나(전통 사우나 포함), 개인 휴식 공간, 타월, 목욕 가운, 시트 커버가 다 포함되어 있다.

📍 Forum 쇼핑몰 뒤편

🏠 Yrjönkatu 21 b, 00100 Helsinki

🕐 **여성** 월요일 1층 12:00-20:00(2층은 휴무) / 수, 금요일 1층 06:30-20:00, 2층 13:00-20:00 / 일요일 1층 11:00-20:00, 2층 13:00-20:00, **남성** 화, 목요일 1층 06:30-20:00, 2층 13:00-20:00 / 토요일 1층 07:00-20:00, 2층 13:00-20:00, 일부 공휴일, 5월 말~9월 초 휴무

€ **1층** 성인 €5.8, 어린이 €3.2, **2층** 성인 €16, 어린이 €11

©Mari Hohtari / Henkilöstökeskus

헬싱키 오디 도서관

Helsingin keskustakirjasto Oodi

핀란드 독립 100주년을 맞아 국민을 위해 준비한 국가의 선물인 공공도서관 오디 건물은 배 모양의 유려한 곡선을 자랑한다. 1층에는 인포와 다양한 정보를 제공하는 센터가 들어서 있다. 2층은 워크숍, 스튜디오, 업무 공간, 주방 시설, 재봉틀, 3D 프린터 등 다양한 교류와 여가 활동을 할 수 있는 공간으로 가득하다. 3층은 채광이 좋은 도서관 공간으로 편안하면서도 자유로운 분위기를 느낄 수 있다. 3층과 연결된 테라스로 나가면 공원과 도심 풍경이 펼쳐지며 쉬어 가기 좋다. 나선형 계단에는 <헌정>이라는 미술 작품이 있는데 누구나 드나들고 즐겁게 이용할 수 있는 환대의 공간이라는 메시지를 전달하는 듯하다. 볼 것도 많고 배워갈 것도 많은 곳이니 여행 중 잠깐이라도 들러 보자.

📍 키아즈마 국립 현대미술관 및 헬싱키 중앙역에서 도보 5분
🏠 Töölönlahdenkatu 4, 00100 Helsinki
🕐 월~금요일 08:00-21:00, 토~일요일 10:00-20:00, 1/1, 부활절 기간, 5/1, 하지 기간, 12/24~26 휴무
@ oodihelsinki.fi/en/

아모스 렉스
Amos Rex

©Amos Rex

오래된 라스팔라치 빌딩을 리뉴얼한 독특한 건축미가 돋보이는 미술관이다. 외부 광장에 작은 언덕 같은 5개의 돔 지붕이 튀어나와있고 그 위에 올라가 동그란 채광창을 들여다보면 지하에 있는 전시 공간이 내려다 보이는 재미있는 구조가 인상적이다. 빌딩 내에는 590석의 극장인 Bio Rex도 있으며 상점과 레스토랑도 있어 문화생활과 레저, 쇼핑을 동시에 아우르는 헬싱키의 새로운 랜드마크로 주목 받고 있다. 비 정기적으로 전시 구성이 바뀌는 기간에는 문을 닫으니 홈페이지에서 확인하고 방문하자.

- 📍 트램 1번, 2번, 4번, 10번 Lasipalatsi 정류장 하차
- 🏠 Mannerheimintie 22-24, 00100 Helsinki
- 🕐 월, 수~금요일 11:00-20:00, 토~일요일 11:00-17:00, 화요일, 성금요일~부활절, 4/30, 5/1, 하지 기간, 12/5~6, 12/23~26, 휴무
- € 성인 €20, 학생 및 30세 미만 €5, 18세 미만과 헬싱키 카드 소지자 무료
- @ amosrex.fi/en/

©Amos Rex

©Amos Rex

시벨리우스 기념비
Sibelius Monumentti

1967년 핀란드의 가장 유명한 작곡가인 장 시벨리우스Jean Sibelius(1865~1957)를 기리기 위해 세워진 기념비로, 바다에 면해 있는 아름다운 도심 공원인 시벨리우스 공원 내에 있다. 600개가 넘는 강철 파이프를 서로 붙여 만든 이 기념비는 오르간 파이프를 형상화한 것이며 그 옆으로는 시벨리우스의 두상이 놓여 있다. 햇살 좋은 날 방문하여 공원에서 산책도 함께 즐기고 오면 좋다.

- 📍 캄피 버스터미널에서 버스 24번이나 25번을 타고 Sibeliuksen puisto 정류장 하차

세우라사리 야외 박물관
Seurasaaren Ulkomuseo

헬싱키 도심 북서쪽에 있는 세우라사리 섬 안에 있
는 야외 박물관으로 섬에는 연중 들어갈 수 있지만
박물관은 여름철에만 문을 연다. 박물관 내에는 핀
란드 전역에서 통째로 옮겨놓은 오두막집, 농장 건
물, 주택, 교회 등 17~20세기에 지어진 87채의 핀
란드 전통 건물이 그대로 보존되어 있는데 가장 유
명한 건물은 박물관에서 가장 오래된 건물인 카루
나Karuna 교회, 니에멜라Niemelä 농장의 통나무
오두막집들, 18세기에 지어진 빨간 2층 목조 주택
카힐루오토Kahiluoto 저택 등이다. 박물관이 문을
열지 않는 시즌에도 헬싱키 시민들은 야외 활동을
즐기기 위해 세우라사리 섬을 많이 찾는다. 건물 내
부에 입장하지 않으면 입장권을 끊지 않고도 돌아
볼 수 있다.

📍 캄피 통근 버스터미널 Kamppi (Lähiliike-
nneterminaali)에서 24번을 타고 종점인
Seurasaari 하차

🏠 Seurasaari, 00250 Helsinki

🕐 5/15~5/31 월~금요일 09:00-15:00, 토~일
요일 11:00-17:00, 6/1~9/15 매일 11:00-
17:00, 하지 첫날 휴관

€ 내부 입장 성인 €10, 18세 미만, 헬싱키 카드
소지자, 뮤지엄 카드 소지자 무료

@ www.kansallismuseo.fi/en/
seurasaarenulkomuseo

Shopping

무민 숍
Moomin Shop

포룸 1층(우리나라 2층)에 있는 무민 숍은 무민 팬이라면 반드시 들러야 할 필수 코스이다. 엽서, 열쇠고리, 문구, 립 밤, 치약, 욕실 용품, 어린이용 수영복 등 다양한 무민 캐릭터 용품을 판매하며 핀레이슨 등 핀란드 디자인 브랜드와 컬래버레이션한 제품들도 만나볼 수 있다. 헬싱키 반타 공항 면세점 내에도 무민 숍이 있지만 포룸에 있는 지점이 제품의 종류가 훨씬 다양하다.

📍 포룸Forum 쇼핑센터 1층
🏠 Mannerheimintie 20, 00100 Helsinki
☎ +358 40 192 0720
🕐 월~금요일 09:00-20:00, 토요일 10:00-19:00, 일요일 12:00-18:00

1 다양한 제품과 세련된 디스플레이가 돋보이는 마리메코 매장(1층)
2 네덜란드의 럭셔리 홈 & 바디 케어 브랜드 리투알스(1층)　3 핀란드 아동용 아웃도어 용품 전문 브랜드(3층)
4 쇼핑하다가 쉬고 싶을 때는 파제르 카페(1층)　5 일본식 수제 모찌 도넛과 모찌 아이스크림 판매점(1층)

포룸 Forum

중앙역 근처, 헬싱키 도심의 가장 핵심부에 자리 잡고 있는 포룸은 약 90개의 상점이 있는 5층 규모의 대형 쇼핑센터이다. 마리메코, 레이마 같은 핀란드의 대표 브랜드들과 H&M, 망고 등의 인터내셔널 브랜드 매장, 파제르 카페를 비롯한 다양한 레스토랑과 카페 등이 있으며 가장 인기 있는 매장은 2층에 있는 무민 숍이다. 일부 레스토랑과 카페는 영업 시간이 다를 수 있다.

📍 중앙역 앞에서 소코스 백화점 옆길로 빠진 후 왼쪽 횡단보도를 건너 바로

🏠 Mannerheimintie 14-20, 00100 Helsinki

☎ +358 9 565 74 523

🕐 월~금요일 10:00-20:00, 토요일 10:00-19:00, 일요일 12:00-18:00

1 1층 고객 서비스 데스크
2 1층의 마리메코 매장
3 4층의 유럽에서 가장 큰 MUJI
4 간단한 식사를 즐길 수 있는 E층의 패스트푸드점들
5 맛집들이 모여 있는 5층 식당가
6 E층에 있는 K 슈퍼마켓 캄피점

캄피 헬싱키
Kamppi Helsinki

헬싱키 장거리와 통근 버스 터미널 위에 조성된 복합 쇼핑센터로 헬싱키 근교 도시들로 버스 여행을 할 때 들르기 좋다. 마리메코, 파푸 디자인 같은 핀란드의 대표 브랜드들과 다양한 인터내셔널 브랜드 매장이 있으며 K 슈퍼마켓도 있어 기념품을 구입하기도 좋다. 5층 식당가에는 호쿠, 산드로 등 헬싱키 유명 레스토랑들의 본점과 지점이 모여 있으며 E층에는 햄버거, 팔라펠 등 간편하게 즐길 수 있는 패스트푸드점이 있어 버스 여행 전후에 들러 식사를 하기에 좋다. 장거리 버스는 E층에서 한층 더 내려가 K층에서 이용하면 된다.

📍 트램 7번, 9번 Kampintori역 또는 메트로 Kamppi역 하차
🏠 Urho Kekkosen katu 1, 00100 Helsinki
☎ +358 40 567 0939
🕐 월~금요일 10:00-20:00, 토요일 10:00-19:00, 일요일 12:00-18:00, 1/1, 부활절, 5/1, 하지, 12/25 휴무

소코스 백화점
Sokos

올림픽이 열리던 해인 1952년 문을 연 소코스 백화점은 중앙역 바로 옆에 위치하여 관광객들이 많이 찾는 곳이다. 스토크만 백화점보다 조금 덜 고급스러운 이미지이지만 마리메코, 이딸라 등 핀란드의 대표 브랜드들과 막스 앤 스펜서를 비롯한 다양한 인터내셔널 브랜드가 모두 입점해 있다. 부가가치세 환급은 3층의 고객 서비스 센터에서 받을 수 있다. 위층은 Sokos Hotel Vaakuna가 사용하며 지하에는 소코스에서 운영하는 슈퍼마켓인 S 마켓이 있다.

📍 헬싱키 중앙역 바로 옆
🏠 Mannerheimintie 9, 00100 Helsinki
☎ +358 10 766 5100
🕐 월~금요일 09:00-21:00, 토~일요일 10:00-18:00

헬싱키 중앙 우체국
Helsingin Pääposti keskusta

헬싱키 중앙역 옆에 있는 중앙 우체국은 다양한 무민 캐릭터의 엽서와 카드, 쇼핑백, 우표, 무민 소인이 찍힌 봉투 등 우편 관련 무민 아이템을 판매하여 무민 팬이라면 한 번쯤 들러볼 만한 곳이다. 일요일에도 문을 열기 때문에 다른 상점들이 휴무일 때도 방문할 수 있으며 바로 옆에 K 슈퍼마켓이 있어 함께 들러봐도 좋다.

📍 헬싱키 중앙역 오른쪽에 있는 엘리엘 광장 Elielinaukio을 지나 바로
🏠 Elielinaukio 2, 00100 Helsinki
☎ +358 200 71000
🕐 월~금요일 08:00-20:00, 토~일요일 10:00-18:00

Restaurants, Café & Bar

카페 레가타 Cafe Regatta │ 전망 카페

시벨리우스 기념비 근처 바닷가 산책로에 있는 예쁜 카페. 레가타는 커피 맛보다는 전망과 분위기 때문에 찾아가는 곳이다. 카페 건물인 빨간 통나무집은 마치 동화 속에 나오는 오두막집 같은 분위기를 풍기며 바다가 한눈에 들어오는 시원한 야외 석에 앉아 시나몬 번 또는 블루베리 파이와 커피 한 잔을 마시면 한없이 평화로운 느낌이 든다. 야외 모닥불에서 카페에서 판매하는 소시지를 구워 먹고 카누나 패들보드를 빌려 타면 휴가를 온 것 같은 기분도 만끽할 수 있다. 현금 결제만 가능하니 미리 준비해 가자.

📍 시벨리우스 공원 바닷가 산책로에 위치, 시벨리우스 기념비에서 도보 4분

🏠 Merikannontie 8, 00260 Helsinki

🕐 매일 09:00~21:00(시즌에 따라 변동)

€ 커피, 티, 음료수 종류 €2.7~3.99, 시나몬 번 €3.5, 블루베리 파이 €4, 소시지 €2.9

호쿠 Hoku │ 하와이언 & 일식 퓨전 │

디자인 디스트릭트에서 작은 규모로 운영할 때부터 맛있기로 소문났던 일식 퓨전 레스토랑으로 캄피 쇼핑센터 안에 자리하고 있다. 하와이 출신 일본인 셰프가 만들어내는 하와이언 스타일의 일식 퓨전 요리들은 모양도 맛도 감탄을 자아낸다. 런치 메뉴는 샐러드와 메인 요리만 제공되는데 메인 요리 중에서는 연어 데리야키와 치킨 가라아게 메뉴가 특히 인기 있다. 식사 시간에는 항상 길게 줄이 늘어설 만큼 인기가 있다.

📍 캄피 헬싱키 쇼핑센터 5층
🏠 Urho Kekkosen katu 1, 00100 Helsinki
☎ +358 40 164 6160
🕐 월~목요일 11:00-15:00, 17:00-21:00, 금요일 11:00-15:00, 17:00-22:00, 토요일 12:00-15:00, 17:00-22:00, 일요일 휴무
€ **런치** 런치 메뉴(테리야키, 돈카츠 등) €13.5~18, 디너 메인 요리 €27~29

카페토리아 카페 & 숍 Cafetoria Café & Shop │ 카페 & 숍 │

페루, 콜롬비아, 케냐 등지에서 오가닉 원두를 들여와 직접 로스팅하여 만든 신선하고 맛있는 커피를 판매하는 카페이다. 카페 내부의 한쪽에는 커피 원두와 에스프레소 머신, 글라인더, 바리스타 액세서리 등을 판매하는 코너가 꾸며져 있다. 라테가 맛있기로 유명하고 여름철에는 콜드브루 커피도 인기가 있다. 헬싱키 최고의 관광 명소 템펠리아우키오 교회 근처에 있어 관광 후에 들르면 좋다.

📍 템펠리아우키오 교회에서 도보 2분 / 트램 2번 Sammonkatu 정류장 건너편
🏠 Runeberginkatu 31, 00100 Helsinki
☎ +358 10 423 5570
🕐 월~금요일 10:00-17:30, 토요일 10:00-16:00, 일요일 휴무
€ 필터 커피 €3~3.5, 아메리카노, 라테, 카푸치노 등 €3.5~4.9

프레시맨 포케 볼 Freshman Poke Bowl │ 포케 │

포케 전문점으로 비건, 일반, 따뜻한 포케 등이 있으며 원하는 대로 조합하여 주문할 수도 있다. 핀란드의 신선한 식재료를 사용해 건강하고 빠르면서도 다양한 포케를 선보인다. 중앙역과 가까운 몰 안에 있어 언제든 편하게 들러 먹기에 좋으며 주변에 햄버거, 라멘, 베이커리, 스시 바 등 다른 음식점도 있다.

📍 헬싱키 중앙역 건너편 시티센터 몰 2층
🏠 Kaivokatu 8, 00101 Helsinki
☎ +358 505 494185
🕐 월~금요일 11:00-21:00, 토요일 12:00-21:00, 일요일 12:00-19:00
€ 참치 포케 €13.8, 두부 포케 €15.8, 판타스틱 포케 €18.8

핀란드의 자연을 그대로 담은 교회
암석 VS 나무

자연 친화적이면서도 혁신적인 건축 디자인의 요소가 살아 있는 헬싱키의 두 교회, 템펠리아우키오 교회와 캄피 침묵의 교회는 핀란드의 자연이 그대로 담겨 있는 건축물이다. 인공적인 화려함보다는 자연의 아름다움을 최대한 돋보이게 하는 그들의 놀라운 건축물들을 통해 자연과 현명하게 공존하는 법을 배워보자.

템펠리아우키오 교회
Temppeliaukion kirkko

'암석 교회'라는 별명으로 더 유명한 템펠리아우키오 교회는 거대한 암반의 내부를 파서 만든 독특한 건축양식의 교회이다. 세계 어느 곳에서도 찾아보기 힘든 유니크한 건축 방식으로 1969년 완성되자마자 헬싱키에서 가장 유명한 관광 스폿이 되었으며 매년 50만 명 이상의 관광객이 이 교회를 방문한다. 이 경이로운 교회는 형제 건축가인 Timo & Tuomo Suomalainen이 디자인했는데 예산 문제로 원래 계획보다 4분의 1 크기로 지어졌다고 한다. 교회 내부의 벽면은 다듬어지지 않은 암석 위에 암반을 파낼 때 생긴 돌들을 쌓아 만들어졌으며 구리 돔 천장을 둘러싼 채광창을 통해 자연광이 따뜻하게 교회 내부를 밝힌다. 탁월한 음향효과 덕분에 유명한 콘서트가 열리는 곳으로도 유명하다. 오픈 시간은 수시로 변경되므로 홈페이지(www.temppeliaukionkirkko.fi/en)에서 미리 확인하고 방문하는 것이 좋다. 교회 주변 공사로 인해 대중교통 루트는 수시로 변동되니 www.hsl.fi 사이트나 앱을 통해 확인하고 이용하자.

📍 중앙역에서 도보 15~20분

🏠 Lutherinkatu 3, 00100 Helsinki

🕐 월~목요일 10:00-17:00, 금요일 10:00-16:45, 토요일 15:00-16:45, 일요일 휴무(주 단위로 변동됨)

€ 성인 €8, 18세 미만 무료, 헬싱키 카드 소지자, 헬싱키 시티 패스 소지자 무료

거대한 암반의 내부를 파서 만든
독특한 건축양식

교회 내에 있는 파이프오르간

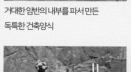
교회 중앙에 있는 작은 제단

다양한 음악 콘서트와 결혼식 등의
이벤트가 자주 열린다.

지름 24m의 반짝이는 구리 돔 천장

벽면과 천장을 연결하는 채광창

캄피 침묵의 교회 Kampin kappeli

캄피 침묵의 교회는 헬싱키 캄피 지구 나린카토리Narinkkatori 광장 한쪽에 있는, 나무로만 지어진 독특한 교회이다. 핀란드 건축 회사 K2S Architects Ltd. 의 세 건축가인 Kimmo Lintula, Niko Sirola, Mikko Summanen이 디자인한 건축물로 2012년 헬싱키 세계 디자인 수도 프로젝트의 일환으로 완공되었는데, 노아의 방주를 연상시키는 초현대적이고 혁신적인 디자인으로 완공 전부터 크게 주목을 받았다. 약 11m 높이의 예배당 내부는 아무런 장식 없이도 너무나 아름다운 극적인 절제미를 뽐낸다. 복잡한 캄피 지구의 한가운데에서 고요하게 쉴 수 있는 시간과 장소를 제공하려는 의도대로 교회 내부는 외부의 번잡함과 소음이 모두 차단되어 마치 바닷속처럼 고요하고 평화롭다.

📍 중앙역에서 도보 5분 / 트램 7번, 9번 Simonkatu 정류장 하차

🏠 Simonkatu 7, 00100 Helsinki

🕐 월~금요일 10:00-17:00, 토~일요일 휴무

€ 무료

교회 한쪽에 있는 기도의 촛불

극도의 절제미를 보여주는
심플한 나무 제단

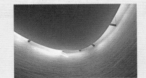

동글동글한 돌을 형상화한 쿠션

천장에 빛과 공기가 들어오는 창이 있다.

힙스터
디스트릭트

힙스터 디스트릭트는 하카니에미와 그 위쪽의 칼리오 지구를 묶은 곳으로 젊은
예술가와 힙스터들이 모여드는 트렌디하고 감각적인 지역이다. 정통 핀란드 레
스토랑보다는 젊은 층이 좋아하는 색다른 레스토랑과 카페, 바가 많으며 유명 빈
티지 숍이 많은 지역이기도 하다. 아직 우리나라 관광객에게는 많이 알려지지 않
았지만 헬싱키의 젊은 감성을 만나고 싶다면 이곳을 방문해보자. 단, 밤 시간에
여자 혼자 방문하는 것은 피하는 것이 좋다.

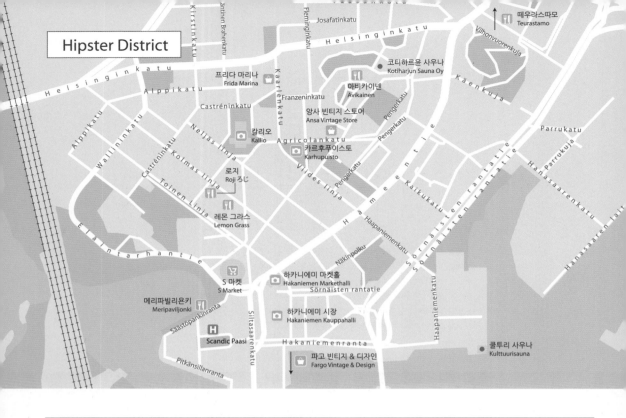

Hipster District

떼우라스따모
Teurastamo

코티하르윤 사우나
Kotiharjun Sauna Oy

아비카이넨
Avikainen

프리다 마리나
Frida Marina

앙사 빈티지 스토어
Ansa Vintage Store

칼리오
Kallio

카르후푸이스토
Karhupuisto

로지
Roji ろじ

레몬 그라스
Lemon Grass

S 마켓
S Market

하카니에미 마켓홀
Hakaniemen Markethalli

메리파빌리욘키
Meripaviljonki

하카니에미 시장
Hakaniemen Kauppahalli

쿨투리 사우나
Kulttuurisauna

Scandic Paasi

파고 빈티지 & 디자인
Fargo Vintage & Design

Travel Highlight

칼리오

Kallio

칼리오는 하카니에미 위쪽에 위치한, 도심에서 살짝 벗어난 지구로 최근 몇 년 사이 헬싱키에서 가장 뜨고 있는 지역으로 손꼽힌다. 과거에는 피트카실타Pitkäsilta 다리를 경계로 위쪽으로는 노동자들이 주로 거주하던 낙후된 지역이었으나 점차 학생과 젊은 커플들이 이곳에 살게 되었고 트렌디한 카페와 펍, 레스토랑, 감각 있는 숍이 하나둘 문을 열면서 지금은 젊은 예술가와 힙스터들이 모여드는 장소가 되었다. 칼리오 관광의 시작점은 중앙에 유명한 곰 조각상이 있는 공원, 카르후푸이스토 Karhupuisto(Bear Park)로 공원 옆에서부터 칼리오 교회 주변에는 산드로를 비롯한 맛집이 몰려 있다.

📍 트램 3번, 9번 Karhupuisto 정류장 하차

하카니에미 시장

Hakaniemen Kauppahalli

마켓 광장과 함께 헬싱키를 대표하는 전통 시장인 하카니에미 시장은 헬싱키 시민들의 일상을 좀 더 생생하게 체험해볼 수 있는 곳으로 과일과 채소, 꽃 등을 판매하는 야외 시장과 약 70개의 점포가 들어서 있는 실내 시장인 하카니에미 마켓 홀이 함께 있다. 마켓 홀에는 식품 매장을 비롯하여 다양한 잡화와 아기자기한 기념품, 수공예품을 파는 상점들이 가득하여 구경하는 재미가 쏠쏠하다.

📍 트램 3번, 6번, 7번, 9번 Hakaniemi 정류장 하차 / 메트로 Hakaniemi 정류장 하차
마켓 홀 월~토요일 08:00~18:00, 일요일 휴무

떼우라스따모 Teurastamo

헬싱키 어반 라이프의 중심지로 재탄생 한 떼우라스따모는 도축장이란 뜻으로 1990년대까지 실제로 도축이 행해졌다. 현재는 시민들의 마당 역할을 하고 있으며 끊임없이 이어지는 무료 행사 덕분에 활기를 띤다. 바, 레스토랑, 양조장, 서점, 로스팅 카페 등 다양한 볼거리와 먹거리로 가득해 지루할 틈이 없다. 여름에 나이트 마켓이 열리는 날에는 다양한 문화권의 음식을 맛볼 수 있으며 빈티지 숍, 거리 공연, 전시 등도 같이 열려 축제 분위기를 더한다.

📍 메트로 Kalasatama역에서 도보 6분

프리다 마리나
Frida Marina

중고 의류와 가방, 신발, 액세서리, 테이블 웨어 등을
판매하는 칼리오 지구의 대표적인 빈티지 숍이다.
1940~1980년대 여성 의류와 액세서리가 주요 판
매 품목인데 빈티지 제품을 좋아하는 사람이라면 마
음에 쏙 들 만한 감각적인 제품이 많기로 유명하다.

📍 카르후푸이스토에서 도보 5분 / 트램 3번, 9번
   Kaarlenkatu 정류장에서 도보 1분
🏠 Kaarlenkatu 10, 00530 Helsinki
☎ +358 50 381 0418
🕐 화~금요일 12:00-18:00, 토요일 12:00-
   16:00, 일, 월요일 휴무

앙사 빈티지 스토어
Ansa Vintage Store

칼리오 지구에서 11년째 빈티지 아이템을 판매하고 있는 인기 상점으로 세련된 감각과 좋은 품질로 유명하다. 여성 의류와 신발, 가방, 모자, 보석류가 주요 아이템인데 일부 제품은 1900년대 초반 것도 있다고 한다. 깜찍한 빈티지 원피스와 다양한 컬러의 가죽 가방, 여성스러운 구두 등은 가격도 비싸지 않아 부담스럽지 않게 구입할 수 있다.

📍 카르후푸이스토에서 도보 3분
🏠 Agricolankatu 5, 00530 Helsinki
☎ +358 50 599 7283
🕐 월~금요일 12:00-18:00, 토요일 12:00-16:00, 일요일 휴무

파고 빈티지 & 디자인
Fargo Vintage & Design

북유럽 유명 디자이너들의 중고 가구와 조명, 카펫과 러그, 인테리어 소품, 음악 관련 빈티지 제품을 판매하는 빈티지 숍이다. 1950~1960년대 제품을 주로 취급하는데 가구와 인테리어 제품 외에도 오래된 타자기, 연극 조명, 라디오, 레코드판, 장식품 등 재미있는 아이템이 많으니 빈티지 가구와 소품에 관심이 많다면 들러보자.

📍 원로원 광장에서 도보 10분, 트램 7번 Kansallisarkisto 정류장에서 도보 6분
🏠 Meritullinkatu 11, 00170 Helsinki
☎ +358 41 519 7061
🕐 목요일 14:00-18:00, 그 외 시간은 예약하여 방문

Restaurants, Café & Bar

메리파빌리욘키

Meripaviljonki | 시푸드 |

하카니에미 지구 바닷가 공원 앞 바다 위에 떠 있는 유니크한 레스토랑이다. 전면이 모두 유리로 되어 있어 파노라믹 전망을 자랑하며 생선, 바닷가재, 조개 등 시푸드 요리가 전문인데 특히 바닷가재는 별도 수조에 보관하여 신선도를 유지한다. 주중 오전 11시에서 오후 2시까지는 디너보다 훨씬 저렴한 가격에 런치 메뉴를 즐길 수 있다.

📍 트램 3번, 6번, 7번, 9번, Hakaniemi 정류장 또는 메트로 Hakaniemi 정류장에서 도보 3분

🏠 Säästöpankinranta 3, 00530 Helsinki

☎ +358 20 742 5320

🕐 월~화요일 11:00-22:00, 수~금요일 11:00-23:00, 토요일 14:00-23:00, 일요일 휴무

€ 런치 3코스 €29.9, 전식 €14~17, 메인 요리 €25~59.9

아비카이넨 Avikainen | 베이커리 |

1955년부터 직접 구운 핀란드 전통 베이커리를 판매하는 곳이다. 버터를 바른 전통 쌀빵과 블루베리 파이, 설탕을 듬뿍 묻힌 도넛 등이 유명하다. 소박하면서도 정겨운 핀란드 빵을 맛보고 싶다면 근처를 지날 때 한 번쯤 들러 봐도 좋다.

📍 트램 3번, 9번 Kaarlenkatu 정류장에서 도보 6분

🏠 Franzéninkatu 10, 00500 Helsinki

☎ +358 9 719719

🕐 월~금요일 09:00-17:00, 토~일요일 휴무

€ 빵 종류 €2~4, 커피, 티 €1.7~2

로지 Roji ろじ | 일식 |

편안하고 차분한 공간에서 합리적인 가격으로 신선한 재료로 만든 맛있는 초밥을 맛볼 수 있다. 사시미, 돈부리, 롤 등도 있으며 키즈 메뉴도 준비되어 있다. 미소국이 포함된 런치 세트 메뉴를 추천한다.

📍 트램 3번, 9번 Kallion virastotalo 정류장에서 도보 4분

🏠 Kolmas linja 16, 00530 Helsinki

☎ +358 41 3100629

🕐 화~금요일 11:00-20:00, 토요일 12:00-20:00, 일~월요일 휴무

€ 세트 메뉴 €13~22, 돈부리 €16~19

레몬 그라스 Lemon Grass | 태국 요리 |

현지인 사이에서 잘 알려진 태국 레스토랑이다. 볶음 국수인 팟타이나 볶음밥인 카오팟, 코코넛 밀크를 넣은 태국식 커리 등 우리에게도 친숙한 태국 요리를 맛볼 수 있다. 주중에는 런치 메뉴를 즐길 수 있으며 단맛이 강한 요리도 있으니 참고하자.

📍 트램 3번, 9번 Kallion virastotalo 정류장에서 도보 2분 / 카르후푸이스토에서 도보 6분

🏠 Kolmas linja 12, 00530 Helsinki

☎ +358 9 876 3279

🕐 월~금요일 10:30-21:00, 토~일요일 12:00-20:00

€ 팟타이 €13~14, 얌운센 €16, 그린 치킨 커리 €15

시사이드
디스트릭트

시사이드 디스트릭트는 항구에서 다리로 연결되는 **카타야노카**Katajanokka 지구와 항구에서 페리를 타고 가는 수오멘린나 요새, 코르케아사리 섬에 있는 헬싱키 동물원 등이 포함되는 지역이다. 카타야노카 지구는 마켓 광장, 원로원 광장 등 헬싱키 중심부로 도보 5~10분이면 이동할 수 있으면서도 도심에 비해 훨씬 여유로운 느낌이 든다. 헬싱키 시민들의 가족 소풍 장소로 가장 인기 있는 수오멘린나 요새와 헬싱키 동물원은 아이들과 함께라면 꼭 한번 방문해볼 만한 장소이다.

Aleksanterinkatu

Kuurna
니스카 헬싱키
Niska Helsinki

요한 & 뉘스트룀
Johan & Nyström
Kanavaranta

홀리데이 바
Holiday Bar

라빈톨라 노카
Ravintola Nokka

Laivastokatu

살루토리에트
Salutorget

우스펜스키 대성당
Uspenskin Katedraali

Rahapajankatu

Luotsikatu

알레파
Alepa

에스플라나디 공원
Esplanadin Puisto

마켓 광장(카우파토리)
Kauppatori

여객선 터미널

Kauppiaankatu

Hotel Katajanokka

Vyökatu

Hotel F6

Hotel Haven

수오멘리나행
페리 선착장
헬싱키 동물원행
페리 선착장

알라스 시 풀
Allas Sea Pool

Katajanokanlaituri

Laukkasaarenkatu

Linnankatu

Merikasarminkatu

Hotel Lilla Roberts

올드 마켓 홀
Vanha Kauppahalli

스카이 휠 헬싱키
SkyWheel Helsinki

Eurohostel

Hotel Fabian

Scandic Grand Marina

Katajanokanranta

아르텍 세컨 사이클
Artek 2nd Cycle

디자인 박물관
Designmuseo

핀란드 건축 박물관
Arkkitehtuurimuseo

Laivasillankatu

Tähtitorninkatu

Vuorimiehenkatu

카타야노카 터미널(바이킹 라인)
Katajanokanterminaali

올림피아 터미널(탈링크 실야 라인 스톡홀름행)
Olympiaterminaali

Ehrenströmintie

Tehtaankatu

Seaside District

Travel Highlight

우스펜스키 대성당
Uspenskin Katedraali

1868년 완공된 우스펜스키 대성당은 서유럽에서
가장 규모가 큰 정교회 성당으로 과거 핀란드를 지
배했던 제정러시아의 흔적을 엿볼 수 있는 곳이다.
지붕 위의 금으로 덮인 쿠폴라들과 인상적인 붉은
벽돌 건물은 동양과 서양의 이미지가 절묘하게 결
합되어 있으며 파사드는 클래식한 슬라브 양식으
로, 화려한 내부는 비잔틴 양식으로 꾸며졌다. 항구
근처 카타야노카 지구 초입에 위치한다.

📍 마켓 광장에서 다리를 건너 도보 10분
🏠 Pormestarinrinne 1, 00160 Helsinki
🕐 화~금요일 09:30-16:00, 토요일 10:00-
15:00, 일요일 12:00-15:00, 월요일 휴무

수오멘린나 요새
Suomenlinnan Merilinnoitus

수오멘린나 요새는 18세기 후반 스웨덴이 핀란드를 지배할 당시 러시아 해군을 견제하기 위해 헬싱키 남쪽의 섬들을 연결하여 건설한, 세계에서 가장 큰 해상 요새 중 하나이다. 당시 유럽 군사 건축의 특징을 보여주는 유적으로 인정받아 1991년 유네스코 세계문화유산에 등재되었으며 지금은 흥미로운 군사 유적과 다양한 박물관, 레스토랑, 카페를 가진 헬싱키 시민들의 나들이 장소로 사랑받고 있다. 최소한 반나절 정도를 도보로 돌아봐야 하기 때문에 편안한 신발을 신는 것이 좋다. 마켓 광장 앞 선착장에서 헬싱키 교통국(HSL)의 페리나 FRS Finland의 수상 버스(5~9월만 운행)를 타고 쉽게 이동할 수 있다. 박물관, 비지터 센터, 카페, 레스토랑 등의 오픈 시간은 수오멘린나 홈페이지에서 날짜별로 제공한다. 페리와 수상 버스 운행 시간표는 www.suomenlinna.fi/en 참고.

📍 마켓 광장 선착장에서 헬싱키 교통국(HSL)의 페리로 이동(약 15분 소요, AB존 1day 티켓 €9) / 마켓 광장 선착장에서 FRS Finland의 수상 버스를 타고 이동(약 20~25분 소요, 왕복 티켓 €9.2)

🕐 박물관 10:30-17:00(시즌에 따라 변동)

€ 수오멘린나 박물관, 베시코 잠수함 성인 €8, 7~17세 €4, 7세 미만 무료 / 장난감 박물관 성인 €9, 학생 €5, 어린이 €3, 패밀리 티켓(성인 2인+2~4세 2인) €20, 헬싱키 카드 소지자 박물관 입장 무료

킹스 게이트로 가는 길

수오멘린나행 헬싱키 교통국 페리

비아포린 델리 & 카페
Viaporin Deli & Café | 카페 |

방문자 센터와 같은 건물에 위치한 카페로 커피와 시원한 음료, 유기농 아이스크림, 맥주, 와인 등을 판매한다. 맛있는 페이스트리나 샌드위치, 케이크를 곁들여 먹을 수도 있으며 샐러드 바와 수프 등으로 런치도 이용 가능하다.

📍 수오멘린나 헬싱키 교통국(HSL)의 페리 선착장에서 도보 1분

🏠 Suomenlinna c 1, 00190 Helsinki

☎ +358 9 698 1011

🕐 월~금요일 10:30-18:00, 토~일요일 11:00-18:00

€ 피자 €8~14, 샐러드 바 €12.5~16.5

Suomenlinna

—— 추천 관광 루트

페리 선착장
비아포린 델리 & 카페
Viaporin Deli & Café
부두 병영
Rantakasarmi
수오멘린나 교회
Suomenlinnan Kirkko
장난감 박물관
Lelumuseo
수오멘린나 박물관
Suomenlinna-museo
베시코 잠수함
Sukellusvene Vesikko
킹스게이트
Kuninkaanportti

부두 병영 Rantakasarmi
과거에 병영으로 사용하던 핑크색 건물로 방문자
센터와 레스토랑, 카페 등이 있다. HSL 페리를 타
고 가면 이곳에 있는 문을 통해 요새 안으로 들어가
게 된다.

수오멘린나 교회 Suomenlinnan Kirkko
1854년 양파 모양의 5개 돔을 가진 러시아정교회
의 요새 교회로 세워졌으나 이후 핀란드 루터교회
로 바뀌면서 다시 지어졌다. 헬싱키 시민들이 결혼
식을 올리는 교회로 인기가 있다.

수오멘린나 박물관 Suomenlinna-museo
요새의 메인 박물관으로 중간 지점에 있다. 연중 오
픈하며 260년이 넘는 요새의 역사와 이곳에서 살
고 일했던 사람들의 생활을 볼 수 있다.

장난감 박물관 Lelumuseo
숲속에 있는 예쁜 파스텔 톤 목조 주택에 자리 잡은
박물관으로 19세기 초~1960년대에 이르는 오래된
인형과 앤티크 테디 베어, 장난감들을 전시하고 있
다. 카페도 함께 있어 잠시 쉬어 가기에도 좋다.

©Rebekka Lehtola / Visit Helsinki

베시코 잠수함 Sukellusvene Vesikko
제2차 세계대전 당시 사용되던 잠수함으로 수오멘
린나 요새의 가장 유명한 관광 스폿이다. 내부에는
20여 명의 해군이 일하고 생활했던 비좁은 선실
이 그대로 보존되어 있다.

©Sakke Somerma / Visit Helsinki

킹스 게이트 Kuninkaanportti
수오멘린나의 상징이라고 할 수 있는 요새 문으로
18세기 스웨덴의 아돌프 프레드릭Adolf Frederick
왕의 배가 정박하던 항구 앞에 만들어진 것이다.

©Korkeasaari Zoo

©Helsinki City Photo Competition at Flickr.com / Dac Vinh 8488

마켓 광장의 동물원행 페리 선착장

헬싱키 동물원행 16번 버스

헬싱키 동물원
Korkeasaaren eläintarha

1889년에 생긴 세계에서 가장 오래된 동물원 중 하나로 헬싱키 시내 동쪽에 있는 아름다운 섬 코르케아사리 Korkeasaari 전체를 동물원으로 사용하고 있다. 200여 마리의 동물이 섬 곳곳에 흩어져 있는데 눈표범, 레서판다, 불곰, 다양한 종류의 귀여운 원숭이들이 가장 인기가 있으며 공작새와 기러기 등의 새들은 동물원 내를 자유롭게 돌아다닌다. 전체를 돌아보려면 반나절 이상이 소요되므로 동물원 지도를 보고 순서를 정해 돌아보는 것이 좋다. 여름철에는 마켓 광장 앞에서 예쁜 페리를 타고 갈 수 있다.

📍 **버스** 헬싱키 중앙역에서 16번 버스를 타고 Korkeasaari 하차(약 25분 소요)
   페리 마켓 광장 앞 선착장에서 페리(JT-Line, 5월 말~8월)로 이동(성인 왕복 €8.5, 편도 €4.5, 4~17세 왕복 €2.5, 편도 €1.5)
🏠 Mustikkamaanpolku 12, 00270 Helsinki
🕐 1~4월과 10~12월 10:00-16:00, 4월과 9월 10:00-18:00, 5~8월 10:00-20:00
€ 성인 €20, 4~17세 €14, 4세 미만 무료, 헬싱키 카드 소지자 €2(어린이 €1) 할인

스카이 휠 헬싱키
SkyWheel Helsinki

헬싱키 항구의 또 다른 상징이 된 스카이 휠은 항구 근처 카타야노카 지구에 있는 40m 높이의 대관람차로 헬싱키의 360도 파노라마 전망을 감상할 수 있는 최고의 장소이다. 샴페인과 특별한 퍼스널 서비스가 포함된 VIP 곤돌라와 관람차 안에서 사우나를 즐길 수 있는 사우나 곤돌라(www.skysauna.fi/en)는 사전에 예약을 해야 한다. 스카이 휠 옆에는 여름철 헬싱키 시민들의 휴식처인 해수풀장 Allas Sea Pool(allasseapool.fi)도 있다.

📍 항구 바로 앞, 마켓 광장에서 도보 3분
🏠 Katajanokanlaituri 2, 00160 Helsinki
🕐 월~금요일 12:00-18:00, 토요일 11:00-19:00, 일요일 11:00-17:00
   (시즌에 따라 오픈 시간 변동)
€ 성인 €14, 3~11세 €10, 2세 이하 무료

Restaurants, Café & Bar

카페 우르술라

Café Ursula | 카페, 레스토랑 |

헬싱키 남쪽 바닷가에 면해 있는 아름다운 공원, 카이보푸이스토Kaivopuisto 내에 있는 카페 겸 레스토랑이다. 영화 〈카모메 식당〉에서 4명의 여자들이 선글라스를 끼고 앉아 와인을 마시던 곳으로 나와 우리나라에서도 유명해졌다. 테라스 석에 앉아 바닷바람을 맞으며 오가닉 커피나 시원한 맥주를 마시기에 좋으며 오늘의 런치 메뉴도 인기가 있다.

📍 마켓 광장에서 도보 20분 / 트램 3번
　Kaivopuisto 정류장에서 도보 9분
🏠 Ehrenströmintie 3, 00140 Helsinki
☎ +358 9 652 817
🕐 일~목요일 09:00-18:00, 금~토요일 09:00-19:00(시즌에 따라 변동)
€ 커피 €3.5~6, 런치 메뉴 €13.5~16

요한 & 뉘스트룀

Johan & Nyström | 카페 |

스웨덴의 유명 카페, 요한 & 뉘스트룀의 헬싱키 지점이 카타야노카 지구 우스펜스키 성당 근처에 있다. 커피 맛은 두말할 것도 없고 다양한 종류의 차와 아몬드를 얹은 크루아상을 비롯한 페이스트리들도 맛있다. 붉은 벽돌의 실내 좌석 분위기도 좋지만 여름철에는 시원한 바다 전망의 야외 석을 추천한다.

📍 마켓 광장에서 도보 5분 / 우스펜스키 성당에서 도보 4분

🏠 Kanavaranta 7 C, 00160 Helsinki

☎ +358 40 5625775

🕐 월~금요일 08:30-19:00, 토요일 09:00-19:00, 일요일 09:00-18:00

€ 커피 €3.5~5, 베이커리 종류 €3.8~6.5

홀리데이 바 Holiday Bar | 바 & 레스토랑 |

보기만 해도 기분 좋아지는 Holiday라는 이름에 딱 어울리는 바 겸 레스토랑이다. 아시안, 하와이안 그리고 지중해식 요리를 잘 믹스 매치한 메뉴가 돋보이며 볕이 좋은 날에는 넓은 야외 좌석이 여유 시간을 만끽하고자 하는 사람들로 금새 들어 찬다. 우스펜스키 대성당 바로 근처에 있어 찾아가기도 쉽다.

📍 트램 4번, 5번 Ritarihuone 정류장에서 도보 3분, 마켓 광장에서 다리를 건너 도보 10분

🏠 Kanavaranta 7, 00170 Helsinki

☎ +358 9 6128 5121

🕐 수~목요일 17:00-23:00(특정 시즌), 금~토요일 20:00~03:00

€ 칵테일 €10~15, 해산물 요리 €26~30, 아보카도 파스타 €24

115

니스카 헬싱키 Niska Helsinki | 피자 |

분위기 있는 운하 부두에 위치한 피자집으로 직접 만든 토마토소스를 사용한다. 가격도 큰 부담이 없어 맥주 한 잔을 곁들이거나 음료와 함께 즐기기 좋다. 피자 외에도 평일에 제공하는 런치 메뉴가 있으며 그 주의 메뉴는 홈페이지 (niska.ax/en/katajanokka)에서 확인할 수 있다.

📍 트램 4번, 5번 Ritarihuone 정류장에서 도보 4분, 마켓 광장에서 다리를 건너 도보 10분

🏠 Kanavaranta 3-7 D 19, 00160 Helsinki

🕐 화~목요일 11:00-21:00, 금요일 11:00-22:00, 토요일 12:00-22:00, 일요일 13:00-20:00, 월요일 휴무

€ 피자 €16~19, 런치 메뉴 €13.5

쿠르나 Kuurna | 북유럽 요리 |

로컬들이 많이 찾는 작고 아늑한 레스토랑으로 2주마다 메뉴가 바뀌며 그날의 스페셜 요리도 있다. 모던한 스타일의 요리에 사용되는 모든 재료는 메뉴와 시기에 따라 로컬 농장이나 시장에서 들여온다. 저녁에만 오픈하며 평일에는 18:00~20:30, 토요일은 16:00~20:30까지 예약을 받는다.

📍 트램 4번, 5번 Ritarihuone 정류장에서 도보 3분

🏠 Meritullinkatu 6, 00170 Helsinki

☎ +358 44 755 4555

🕐 월~토요일 17:00-22:00, 일요일 휴무

€ 2코스 메뉴 €43, 3코스 메뉴 €49

라빈톨라 노카 Ravintola Nokka | 아시에트 미슐랭 |

옛 부둣가 창고를 개조한 레스토랑으로 선박 프로펠러와 닻이 입구를 장식하고 있어 정취를 더한다. 핀에어 비즈니스 클래스 음식을 담당했던 레스토랑 대열에 합류하기도 한 곳으로 훌륭한 음식을 만드는 식당에 수여하는 아시에트 미슐랭으로 선정되기도 했다. 단품이나 런치 메뉴도 주문가능하다.

📍 트램 4번, 5번 Ritarihuone 정류장에서 도보 4분, 마켓 광장에서 다리를 건너 도보 11분

🏠 Kanavaranta 7 F, 00160 Helsinki   ☎ +358 9 6128 5600

🕐 월~화요일 11:30-22:00, 수~금요일 11:30-23:00, 토요일 18:00-24:00, 일요일 휴무

€ 메인 요리 €30~44, 메뉴 노카 €89, 메뉴 그린 €74, 런치 3코스 €49

살루토리예트 Salutorget | 아시에트 미슐랭 |

1900년대 초에 은행 건물로 쓰였던 곳을 리노베이션하여 스칸디나비아 음식을 전문으로 하는 레스토랑으로 운영하고 있다. 살루토리예트는 스웨덴어로 마켓 광장을 뜻한다. 애프터눈 티가 특히 유명한데 스웨덴 왕실 도자기인 뢰르스트란드Rörstrand에 담겨 나오는 티 세트는 클래식한 매력을 뽐낸다.

📍 트램 2번 Kauppatori 정류장에서 도보 1분

🏠 Pohjoisesplanadi 15, 00170 Helsinki

☎ +358 9 6128 5950

🕐 월~금요일 11:30-22:00, 토요일 12:00-22:00, 일요일 휴무

€ 런치 2코스 €34, 런치 메인 요리 €22~27, 애프터눈 티 €45~55, 셰프 메뉴 €75+치즈 €8

아웃사이드 헬싱키

헬싱키에서 여유롭게 일정을 잡았다면 하루 정도는 도심에서 벗어나 조금 떨어진 관광지들을 방문해보자. 헬싱키 외곽 지역에 위치한 관광지는 메트로나 트램으로 쉽게 이동할 수 있으며 헬싱키 근교 도시인 에스포Espoo나 하멘린나 Hämeenlinna에 속하는 관광지는 교외선 기차를 타고 가면 된다. 가장 인기 있는 스폿은 마리메코 팩토리 아웃렛이지만 건축이나 디자인에 관심이 있다면 이딸라 & 아라비아 디자인 센터와 알바 알토가 살았던 집과 일했던 장소인 스튜디오도 꼭 시간을 내서 방문해볼 것을 추천한다.

마리메코 팩토리 아웃렛
Marimekko Factory Outlet

헬싱키 시내에서 메트로로 쉽게 이동할 수 있는 마리메코 팩토리 아웃렛은 마리메코의 다양한 제품을 저렴한 할인가로 구입할 수 있는 마리메코 팬들의 천국이다. 회색의 컨테이너 박스처럼 생긴 건물 내부로 들어가면 1층에 일반 매장과 아웃렛 매장이 함께 있는데, 일반 매장에서는 신제품, 아웃렛 매장에서는 이월 상품이나 샘플 상품을 판매한다. 본사에서 직영으로 운영하는 아웃렛이기 때문에 다른 매장에는 없는 희귀한 아이템을 발견할 수도 있으니 천천히 둘러보면서 마음에 드는 아이템을 찾아보자. 세금 환급을 받으려면 여권을 챙겨 가는 것도 잊지 말아야 한다. 매장 맞은편에는 직원 레스토랑 마리토리Maritori(월~금요일, 런치 10:30-14:00)가 있는데 방문객도 이용할 수 있어 쇼핑 전후에 들러 맛있는 점심을 먹는 사람들이 많다. 런치 메뉴는 €12.7~14.3이며 예쁜 마리메코 식기로 더욱 기분 좋게 식사를 즐길 수 있다. 만성절 등 공휴일은 문을 닫을 수 있으니 현지에서 재확인하고 방문하자.

📍 메트로 헤르토니에미Herttoniemi역 하차(시내에서 약 15분 소요) 후 도보 약 15분

🏠 Kirvesmiehenkatu 7, 00880 Helsinki

☎ +358 9 758 7244

🕐 월~금요일 10:00-18:00, 토요일 10:00-17:00, 일요일 12:00-17:00

이딸라 & 아라비아 디자인 센터
Iittala & Arabia Design Centre

헬싱키 도심 북쪽에 있던 아라비아 공장을 개조하여 만든 이딸라 & 아라비아 디자인 센터는 핀란드 테이블 웨어의 대명사와도 같은 브랜드인 이딸라와 아라비아의 과거와 현재, 미래를 한눈에 볼 수 있는 곳이다. 이전에는 이곳에 공장과 아웃렛 매장이 함께 있었으나 새롭게 단장하면서 8층은 갤러리와 박물관(일부 공간은 사전 예약하여 가이드 투어로만 관람 가능)으로, 2층은 매장과 카페가 있는 공간으로 탈바꿈하였다. 2층 매장은 아웃렛이 아닌 일반 매장으로 바뀌었는데 박물관을 연상시키는 아름답고 예술적인 디스플레이로 유명하며 세일하는 품목을 만날 수도 있다. 스칸디나비아 라이프 스타일을 대표하는 홈 디자인 브랜드인 펜틱 아웃렛 및 북유럽 인기 브랜드 매장도 함께 있다.

📍 트램 6번, 8번 Arabiankatu 정류장 하차(시내에서 약 20분) 후 오른쪽으로 모퉁이를 돌아 도보 3분

🏠 Hämeentie 135, 00560 Helsinki

☎ +358 20 439 5326

🕐 **디자인 박물관 아라비아** 화~금요일 11:00-17:00, 토요일 10:00-16:00, 일요일 12:00-16:00, 월요일, 1/1, 하지 기간, 12/6, 12/24~26, 12/31 휴관

상점 월~금요일 10:00-19:00, 토요일 10:00-16:00, 일요일 12:00-16:00, 1/1, 하지 기간, 12/6, 12/24~26 휴무

€ 무료   @ www.designcentrehelsinki.com/en

알토의 집과 스튜디오
Alvar Aallon Kotitalo ja Ateljee

헬싱키 도심에서 트램으로 약 30분 거리의 한적한 지구에 있는 알토의 집과 스튜디오는 건축에 특별히 관심이 없는 사람이라도 소풍 가는 기분으로 한번쯤 방문해볼 만한 곳이다. 두 곳 모두 15명 이내의 가이드 투어로만 방문할 수 있다. 집과 스튜디오 모두 기간과 요일에 따라 투어 시간이 정해져 있어 홈페이지에서 미리 확인하여 예약하고 방문하는 것을 추천한다. 스튜디오는 평일에 1~2번 주말에는 2번 13:30~15:30에, 집은 평일에 2~3번, 주말에는 3번 12:00~15:00에 가이드 투어를 진행한다. 1/1, 1/6, 성금요일, 12/6, 12/24~26일은 휴무이니 참고하자.

📍 트램 4번 Laajalahden aukio 정류장 하차 후 집은 도보 3분, 스튜디오는 도보 7분

🏠 **집** Riihitie 20, 00330 Helsinki / **스튜디오** Tiilimäki 20, 00330 Helsinki

☎ +358 9 481 350

€ **집** 성인 €30, 학생 €15, **스튜디오** 성인 €20, 학생 €10

@ www.alvaraalto.fi/index_en.htm

침실 조명은 이곳에만 있는
독특한 디테일의 골든벨 조명!

알토의 집

알바 알토와 그의 부인 아이노 알토가 함께 설계하고 꾸민 알토의 집은 주거 공간과 사무실의 2가지 용도로 디자인되었다. 가이드 투어는 1층의 작업실과 서재에서 시작되어 거실, 식당, 2층의 침실들, 테라스로 이어지는데 알토 가족의 행복한 일상이 그대로 느껴진다. 투어의 하이라이트는 알토의 가구와 조명, 사보이 베이스, 알토의 친구인 르 코르뷔지에의 그림들로 꾸며진 거실에 햇살이 따스하게 비치는 큰 창에 내려진 발과 미닫이문은 알토가 동양의 디자인에 많은 영향을 받았음을 알 수 있다. 가이드 투어가 끝나면 뒤편의 아름다운 정원을 돌아보는 것도 잊지 말자.

1 스튜디오를 짓기 전까지 알토 부부가 사용하던 1층 작업실
2 알토의 가구와 조명으로 채워진 1층 거실
3 알토 가족의 일상을 엿볼 수 있는 2층 침실
4 알토 가족이 살 당시에는 바다가 보였다고 하는 2층 테라스
5 집 뒤쪽의 아름다운 정원

알토 스튜디오

알토의 집에서 도보 5분 거리에 위치한 알토의 스튜디오는 1955년, 알토가 유명해지면서 좀 더 넓은 작업 공간이 필요하여 설계한 건물로 1950년대 알토의 작품 중 가장 뛰어난 것 중 하나로 손꼽힌다. 유려한 곡선과 직선이 아름답게 조화를 이룬 하얀 건물은 원형극장처럼 만들어진 정원을 품고 있는데, 직원들이 이곳의 돌계단에 앉아 강연을 듣거나 맞은편 벽에 쏘아진 슬라이드 쇼를 볼 수 있었다고 한다. 가이드 투어는 1층에 있는 직원 식당에서 시작되어 2층의 드로잉 오피스와 회의실, 다시 1층의 '커빙 스튜디오' 순으로 이어지는데 용도에 따라 채광창을 달리해 자연광을 최대한 활용한 알토의 디자인이 돋보인다. 이 건물의 하이라이트인 '커빙 스튜디오'는 알토가 사무를 보던 공간으로, 곡선으로 디자인된 커다란 창문을 통해 정원이 한눈에 내다보인다.

1   1층의 아르텍 기념품 숍
2   2층의 드로잉 오피스
3   이 건물의 하이라이트인 1층 커빙 스튜디오

누크시오 국립공원
Nuuksion Kansallispuisto

헬싱키에서 가까운 위성도시인 에스포Espoo에 위치한 누크시오 국립공원은 혼잡한 도심에서 벗어나 핀란드의 청정 자연 속에서 하이킹을 즐길 수 있는 곳이다. 53㎢ 넓이의 공원은 숲과 호수로 이루어져 있는데 숲속으로 2㎞에서부터 최대 20㎞까지 다양한 길이의 잘 정비된 하이킹 트레일이 나 있으며 나무에 파란색, 빨간색, 노란색으로 트레일 표시가 되어 있다. 하이킹 도중 야생 베리나 버섯을 채취할 수 있으며 정해진 장소에서 불을 피울 수도 있어 소시지와 음료 등을 준비해 가면 간단한 피크닉을 즐길 수도 있다. 영화 〈카모메 식당〉에서는 마사코가 버섯을 잔뜩 따온 숲으로 등장하기도 했다. 헬싱키에서 에스포까지 교외선 기차를 타고 간 후, 245번 버스로 갈아타고 이동할 수 있다. 버스 타는 플랫폼은 바뀔 수 있으니 현지에서 재확인하고 이용하자. 자세한 버스 시간표는 www.hsl.fi/en 참고.

📍 헬싱키 중앙역에서 E, L, U, X, Y 교외선 기차를 타고 에스포Espoo역까지 이동한 후 기차역 앞 11번 플랫폼에서 245번 버스를 타고 Haltia 정류장에 하차(약 25분 소요)

이딸라 빌리지
Iittala Village

헬싱키와 탐페레 사이에 있는 작은 도시, 하멘린나Hämeenlinna에 위치한 이딸라 빌리지는 이딸라 유리 공장, 이딸라 유리 박물관, 이딸라 아웃렛, Kultasuklaa 초콜릿 공장과 숍, 서점 등이 모여 하나의 마을을 이루고 있는 곳이다. 이딸라 유리 공장은 숙련된 전문가들이 알바 알토의 화병이나 오이바 토이카Oiva Toikka의 새 시리즈를 직접 입으로 불어서 하나하나 만들어내는 장면을 볼 수 있는 곳으로, 주중에는 오전 9시부터 오후 8시까지 발코니 무료 입장이 가능하다(공휴일은 휴무). 이딸라 유리 박물관은 핀란드 국립 디자인 박물관 중 하나로 19세기부터 지금까지 이딸라의 전설적인 유리 제품을 모두 만나볼 수 있으며 유리 제품을 만드는 주요 도구와 기술에 대해서도 전시하고 있다. 이딸라 아웃렛도 함께 있어 이딸라의 팬이라면 쇼핑도 함께 즐길 수 있다. 기차역과 800m 정도 떨어져 있기 때문에 대중교통으로 갈 경우에는 조금 걸어갈 각오를 해야 한다.

📍 헬싱키 중앙역에서 탐페레행 교외선 열차를 타고 이딸라Iittala역 하차(약 1시간 30분 소요) 후 도보 약 15분

🏠 Könnölänmäentie 2, 14500 Iittala ☎ +358 20 439 6230

🕐 **유리 박물관** 9~5월 토~일요일 11:00-17:00 / 6~8월 화~일요일 11:00-17:00, 월요일 휴관, 공휴일에는 오픈 시간 변동

€ **유리 박물관** 성인 €5, 12~18세 학생 및 청소년 €3, 12세 미만 무료

@ www.iittalavillage.fi

1 이딸라 유리 공장　2 이딸라 아울렛　2 이딸라 아웃렛
3 Kultasuklaa 초콜릿 공장과 숍　4 이딸라 유리 박물관

Special & Unique

감옥 호텔에서의 색다른 하룻밤
Hotel Katajanokka
시사이드 디스트릭트

★★★★

헬싱키 시의 감옥으로 사용하던 건물을 스타일리시하게 개조한 이색적인 디자인 호텔이다. 호텔의 외관과 복도, 넓은 뒷마당은 감옥이었을 당시의 모습이 그대로 보존되어 있어 색다른 재미를 느낄 수 있는데, 객실 내부는 감방이었다는 사실이 믿기지않을 정도로 고급스럽고 안락하게 꾸며져 있다. 지하 조식 레스토랑 옆에는 독방 중 하나가 그대로 보존되어 있어 흥미진진한 독방 구경을 할 수도 있다. 카타야노카 페리 터미널 근처에 위치하여 바이킹 라인 이용 시 매우 편리하며 트램 4번 정류장이 호텔 바로 앞에 있다. 자전거를 빌려 호텔 주변과 관광지를 둘러보아도 좋다.

🏠 Merikasarminkatu 1A, 00160 Helsinki
☎ +358 9 686 450
@ www.hotelkatajanokka.fi/en

고급스럽게 꾸며진 객실

따뜻한 햇살을 즐기기에 좋은 널찍한 뒷마당

식기에서도 감옥 느낌이 물씬 나는 아침 식사

Hotel St. George
히스토릭 디스트릭트

★★★★★

1890년에 완성된 유서 깊은 건물이 약 400점의 현대 미술 작품이 전시된 세련된 디자인 호텔로 재탄생 했다. 유리지붕의 레스토랑 겸 바 윈터가든을 비롯해 수영장, 사우나를 갖추고 있다.

🏠 Yrjönkatu 13, 00120 Helsinki
☎ +358 9 4246 00 10
@ www.stgeorgehelsinki.com

Design & Boutique

Klaus K 디자인 디스트릭트
★★★★

핀란드 최초의 디자인 호텔이며 디자인 디스트릭트 초입에 있다. 클래식한 외관과는 달리 내부 인테리어는 핀란드의 민족 서사시인 칼레발라에 영감을 받아 유니크하게 장식되어 있는데 디자인 가구와 최첨단 시설, 센스 있는 데커레이션이 스타일리시함을 더한다.

🏠 Bulevardi 2-4, 00120 Helsinki
☎ +358 20 770 4700
@ www.klauskhotel.com/en

Hotel F6 디자인 디스트릭트
★★★★

헬싱키에 가장 최근에 생긴 부티크 호텔로 현재 최고의 인기를 누리고 있다. 객실은 스타일리시하면서도 매우 기능적이며 매일 아침 신선하게 제공되는 핀란드 가정식 스타일의 아침 식사도 인기가 있다.

🏠 Fabianinkatu 6, 00130 Helsinki
☎ +358 9 68999 666
@ www.hotelf6.fi

©Tomi Parkkonen / Hotel Lilla Roberts

Hotel Lilla Roberts 디자인 디스트릭트
★★★★

1909년에 발전소로 지어진 유서 깊은 건물을 개조하여 2015년에 문을 연 아르데코 스타일의 럭셔리 부티크 호텔이다. 호텔 내부는 흑백의 대조와 아르데코에 영감을 받은 장식들로 꾸며져 있으며 130개의 넓고 스타일리시한 객실과 아침 식사부터 디너까지 제공하는 호텔 레스토랑 Krog Roba, 칵테일로 유명한 바도 있다.

🏠 Pieni Roobertinkatu 1-3, 00130 Helsinki
☎ +358 9 689 9880
@ www.lillaroberts.com/en

Design & Boutique

Hotel Helka 그린 디스트릭트
★★★★

1969년에 문을 연 디자인 호텔로 알바 알토의 가구와 조명으로 꾸며진 인테리어로 유명하다. 장거리 버스 터미널이 있는 캄피 쇼핑센터 근처에 있어 근교 여행 시 편리하며 템펠리아우키오 교회와도 가깝다.

🏠 Pohjoinen Rautatiekatu 23, 00100 Helsinki
☎ +358 9 613 580
@ www.hotelhelka.com

©Royal Restaurants

Fabian Hotel 디자인 디스트릭트
★★★★

58개의 객실을 가진 헬싱키에서 가장 규모가 작은 부티크 호텔이다. 차분한 색조로 꾸며진 내부는 모던하면서도 우아한 스칸디나비안 인테리어의 특징을 그대로 보여주며 햇살이 잘 드는 안뜰은 여름철에 한가로운 시간을 보내기에 좋다.

🏠 Fabianinkatu 7, 00130 Helsinki
☎ +358 9 6128 2000
@ www.hotelfabian.com/en

Scandic Paasi 힙스터 디스트릭트
★★★★

컬러풀하고 대담한 인테리어가 돋보이는 디자인 호텔로 하카니에미 시장 근처에 있다. 관광지에서 약간 벗어난 곳에 있어 한적하고 여유로운 분위기이며 시설에 비해 가격이 저렴한 편이다. 공항에서 올 경우 615번 시내버스를 타고 종점 바로 전 정류장에서 하차하면 된다.

🏠 Paasivuorenkatu 5B, 00530 Helsinki
☎ +358 9 231 1700
@ www.scandichotels.com/hotels/finland/
helsinki/scandic-paasi

Luxury

Hotel Kämp 히스토릭 디스트릭트 ★★★★

헬싱키를 대표하는 럭셔리 호텔로 1887년에 문을 연 이래 130년 동안 그 전통과 클 래식한 아름다움을 지켜오고 있다. 헬싱키 최고의 번화가에 자리 잡은 호텔 건물은 지어질 당시의 웅장함과 고풍스러움을 고스란히 보존하고 있다. 1층에 있는 일식 퓨 전 레스토랑 Yume도 현지인과 관광객 사이에서 인기가 높다.

🏠 Pohjoisesplanadi 29, 00100 Helsinki

☎ +358 9 576 111   @ www.hotelkamp.com/en

Hotel Haven 디자인 디스트릭트 ★★★★★

아늑하면서도 고급스러운 분위기를 풍기는 부티크 럭셔리 호텔이다. 편안한 침구와 뱅앤올룹슨 엔터테인먼트 시스템, 스파 브랜드 엘레미스 제품인 욕실 어메니티, 이집 션 코튼으로 만든 욕실 가운 등 작은 것 하나까지 최고급으로 제공하려고 신경 쓴 디 테일이 돋보인다.

🏠 Unioninkatu 17, 00130 Helsinki

☎ +358 9 681 930   @ www.hotelhaven.fi/en

Deluxe & Standard

Lapland Hotels Bulevardi
디자인 디스트릭트 ★★★★

헬싱키 디자인 디스트릭트와 바로 인접해 있어 쇼핑, 관광하기에 편리하며 호텔 이름처럼 라플란드 분위기 를 느낄 수 있는 소품으로 꾸며져 있다. 무엇보다 가장 좋은 점은 객실에 개인 사우나 시설이 갖추어져 있어 편하게 사우나를 즐길 수 있다는 점이다.

🏠 Bulevardi 28, 00120 Helsinki

☎ +358 9 2525 1111

@ www.laplandhotels.com

Scandic Grand Marina
시사이드 디스트릭트 ★★★★

1900년대 초에 지어진 아름다운 아르누보 양식의 건 물을 개조한 호텔이며 카타야노카 페리 터미널도 바 로 근처에 있다. 최근 리노베이션을 한 객실은 깔끔하 고 아늑하며 높은 천장과 큰 아치형 창문 등 과거의 건 축양식이 그대로 남아 있는 로비와 레스토랑은 우아한 아름다움을 뽐낸다.

🏠 Katajanokanlaituri 7, 00160 Helsinki

☎ +358 9 1666 1

@ www.scandichotels.com/hotels/finland/
helsinki/scandic-grand-marina

Holiday Inn
Helsinki City Centre
그린 디스트릭트 ★★★★

헬싱키 중앙역 바로 옆에 붙어 있어 늦은 시간에 도 착하거나 이른 시간에 기차를 타는 경우 매우 편리하 게 이용할 수 있는 호텔이며 관광하기에도 편리하다. 홀리데이 인 체인 특유의 단순한 디자인에 북유럽 감 성이 더해진 객실은 깔끔하고 널찍하다.

🏠 Elielinaukio 5, 00100 Helsinki

☎ +358 9 5425 5000

@ www.ihg.com/holidayinn/hotels/kr/ko/
helsinki/helek/hoteldetail

Deluxe & Standard

©Aki Rask / Radisson Blu Finland

Radisson Blu Aleksanteri
디자인 디스트릭트 ★★★★

디자인 디스트릭트와 히에타라하티 벼룩시장 사이에 위치한 호텔로 디자인이 특별하지는 않지만 넓고 편안한 침실과 다양한 편의 시설을 갖추고 있으며 푸짐한 조식 뷔페로도 유명하다. 디자인 디스트릭트를 관광하기에 편리하며 중앙역에서도 트램으로 한 번에 이동할 수 있다.

🏠 Albertinkatu 34, 00180 Helsinki
☎ +358 20 1234 643
@ www.radissonblu.com/en/aleksanteri-hotel-helsinki

GLO Hotel Art 디자인 디스트릭트
★★★★

100년의 역사를 가진 성 안에 자리 잡은 호텔로 로비와 레스토랑은 고풍스러운 분위기가 물씬 풍기지만 객실은 세련되고 현대적인 시설을 갖추고 있다. 히에타라하티 벼룩시장 근처 디자인 디스트릭트 중심에 위치한다.

🏠 Lönnrotinkatu 29, 00180 Helsinki
☎ +358 10 344 4100
@ www.glohotels.fi/en/hotels/glo-art

GLO Hotel Airport
헬싱키 공항 ★★★★

헬싱키 반타 공항 터미널 2 지하에 위치한 유일한 호텔로 저녁 늦게 도착하거나 공항 근처에 숙박해야 할 경우 편리하게 이용할 수 있다. 객실은 매우 현대적이고 깔끔한데 창문이 없어 답답하게 느껴질 수도 있으며 미니바가 없어 좀 불편하다.

🏠 Helsinki-Vantaa Airport, Terminal 2, 01530 Vantaa
☎ +358 10 344 4600
@ www.glohotels.fi/en/hotels/glo-airport

Hostel

The Yard Hostel 그린 디스트릭트

최근에 문을 연 포룸 쇼핑센터 근처에 있는 디자인 호스텔로 2~4인용 프라이빗 객실과 도미토리를 모두 운영한다. 깔끔한 시설과 관광, 쇼핑에 최적의 위치로 인기가 높으며 혼성 도미토리와 남성, 여성 전용 도미토리가 있으니 확인하고 예약하는 것이 좋다. 화장실과 샤워실은 모두 공용이며 숙박비에 간단한 아침 식사가 포함되어 있다. U. Kaleva 바와 Kosmos 레스토랑 사이에 있는 입구에는 'CityForum HOSTEL'이라고 쓰여 있으니 참고하자.

🏠 Kalevankatu 3A 45, 00100 Helsinki
☎ +358 400 909 118   @ www.theyard.fi

©Hostelling International Finland

Eurohostel 시사이드 디스트릭트

카타야노카 페리 터미널 근처에 있는 헬싱키에서 가장 인기 있는 호스텔이다. 1~3인실과 패밀리룸으로 구성된 프라이빗 객실, 2~3인실을 다른 사람과 함께 사용하는 도미토리 베드를 운영하며 레스토랑, 공동 주방 시설, 공동 샤워실, 세탁실, 전통 사우나 등의 시설이 있다. 사우나는 오전 6시 30분~9시 30분에는 무료로 이용할 수 있지만 저녁 시간에는 추가 요금(투숙객 €7.5)이 있다. 트램 4번 정류장도 가까워 시내 이동도 편리하다.

🏠 Linnankatu 9, 00160 Helsinki
☎ +358 9 622 0470   @ www.eurohostel.eu

헬싱키에서 크루즈 페리로 다녀오는

탈린 Tallinn 여행

13세기에 세워진 중세도시, 에스토니아의 수도 탈린은 발트 3국의 도시 중 가장 큰 인기를 누리고 있는 곳이다. 1997년 유네스코 세계문화유산에도 등재된 탈린의 구시가지는 13~16세기, 한자동 맹의 중심지로 누리던 영화를 그대로 보존하고 있다. 자갈이 깔린 돌바닥 소리를 들으며 타박타박 걸어서 골목을 누비다 보면 중세로 훌쩍 시간 여행을 떠난 듯한 느낌이 든다. 유명한 전망 포인트 중 한 곳에 올라 구시가지를 가득 채운 붉은 지붕의 파노라마를 감상하는 것도 절대 놓치면 안 되는 즐 거움이다. 헬싱키에서 페리로 당일치기 여행을 다녀오는 사람들이 많다.

탈린 여행 정보 | www.visittallinn.ee/eng

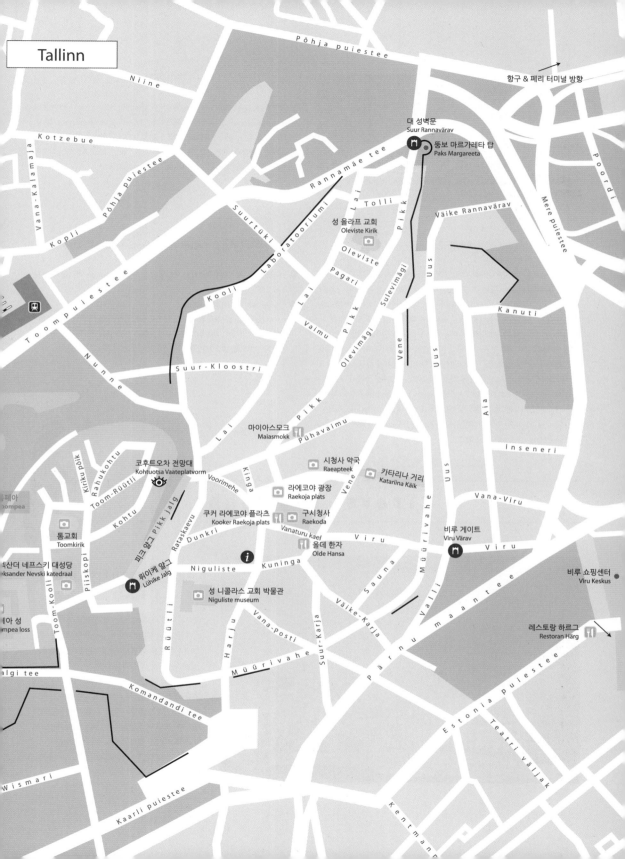

찾아가기

헬싱키와 탈린 사이에는 탈링크 실야 라인(www.tallinksilja.com), 바이킹 라인(www.sales.vikingline.com), 에케뢰 라인(www.eckeroline.com) 등 여러 회사의 크루즈 페리가 운행되고 있다. 각 회사마다 날짜에 따라 하루에 2~8회 페리를 운행하며 이동 시간은 약 2시간~2시간 30분 소요된다. 페리 회사마다 발착하는 터미널이 다르므로 미리 확인해두는 것이 좋다.

시내 교통

탈린의 관광지는 대부분 구시가지에 있어 도보로 충분히 돌아볼 수 있다. 항구에서 구시가지까지는 도보로 15~20분 거리로, 걸어서 이동하거나 시내버스 2번을 타고 이동할 수 있으며 일행이 여러 명이라면 택시를 이용해도 된다. 항구에서 도보로 이동할 경우에는 구시가지 북쪽의 뚱보 마르가레타Paks Margareeta 탑 옆의 대 성벽 문Suur Rannavärav을 통해 구시가지로 들어가게 된다. 시내버스 20, 20A번은 항구의 D 터미널에서 출발하여 비루Viru 정류장에 정차하니 버스를 이용해도 된다. 티켓은 공항, 버스 터미널, 항구 A 터미널 및 D 터미널에 있는 티켓 머신, 곳곳에 있는 R-Kiosk, 슈퍼마켓 등에서 구입할수 있고 1회권(60분간 유효)이 €2이다. 또한 tallinn.pilet.ee/buy 사이트에서도 구입 가능하다. 자세한 버스 운행 시간표와 루트는 transport.tallinn.ee/#/en 확인 및 대중교통 티켓 관련 자세한 사항은 visittallinn.ee/eng/visitor/plan/transport/public-transport 참고.

관광 안내소 Tallinn Tourist Information Centre

📍 라에코야 광장에서 구시청사 오른쪽에 있는 Kullassepa 거리를 따라 도보 2분

🏠 Niguliste 2, 10146 Tallinn

🕐 4~5월과 9월 월~토요일 09:00-18:00, 일요일 09:00-16:00 / 6~8월 월~토요일 09:00-19:00, 일요일 09:00-18:00 / 10~3월 월~토요일 09:00-17:00, 일요일 10:00-15:00, 1/1, 12/25~12/26 휴무

Travel Highlight

라에코야 광장(시청사 광장)

Raekoja plats

탈린 관광의 시작점이 되는 라에코야 광장은 지난 8세기 동안 탈린 구시가지의 중심 광장 역할을 해온 곳이다. 중세 분위기가 물씬 풍기는 고딕 양식의 구시청사와 정교한 아름다움을 뽐내는 건물들로 둘러싸인 광장은 한 장의 그림 엽서처럼 아름답다. 여름철에는 광장을 빙 둘러 카페들의 노천 테라스 석이 펼쳐지고 다양한 야외 이벤트가 열려 항상 관광객들로 북적거리며 겨울철에는 대형 크리스마스트리와 크리스마스 마켓으로 축제 분위기가 넘친다.

📍 구시가지 입구인 비루 게이트Viru Värav에서 Viru 거리를 따라 도보 4분

구시청사 Raekoda

라에코야 광장의 남쪽을 든든하게 수호하고 있는 구시청사는 1402~1404년에
세워진 북유럽에서 유일한 고딕 양식의 시청사이다. 현재는 콘서트나 다양한
이벤트가 개최되는 장소로 사용되는데 여름철에는 내부를 관람할 수도 있으며
5월 초~9월 중순에는 115개의 좁은 계단을 올라 구시청사 탑의 전망대에도 올
라갈 수 있다. 탑의 전체 높이는 64m로 그 끝에는 탈린의 상징으로 유명한 풍
향계 올드 토마스(에스토니아어로는 Vana Toomas)가 달려 있다.

📍 라에코야 광장의 남쪽

🏠 Raekoja plats 1, 10114 Tallinn

🕐 **내부 관람** 6월 말~8월 월~목요일 11:00-18:00, 금~일요일 11:00-16:00,
9월~10월 중순 토~일요일 11:00-16:00, 8/20 휴무
탑 6~8월 매일 11:00-18:00, 9월~10월 15일 11:00-16:00

€ **내부 관람** 성인 €5, 학생 €3, **탑** 성인 €4, 탈린 카드 소지자 무료

시청사 약국 Raeapteek

구시청사 맞은편 라에코야 광장의 모퉁이에는 1422년 문을 연 후 지금까지도
영업을 하고 있는 유럽에서 가장 오래된 약국인 시청사 약국이 있다. 1581년부
터 1911년까지 무려 10대에 걸쳐 대대로 한 가족이 운영했던 이 약국은 러시
아 황제들까지 약을 주문해서 먹을 정도로 유명했다고 한다. 중세 시대에 이곳
에서는 뱀 가죽 물약, 유니콘 뿔 가루 등의 치료 약과 잼, 차, 포도주, 달콤한 아몬
드 과자인 마지팬 등을 판매했는데, 당시 베스트셀러였던 마지팬은 지금도 사
랑의 아픔을 치료해주는 묘약으로 판매되고 있다.

📍 구시청사 맞은편 라에코야 광장 오른쪽 모퉁이

🏠 Raekoja plats 11, 10146 Tallinn

🕐 월~토요일 10:00-18:00, 일요일 휴무   € 무료

카타리나 거리 Katariina Käik

구시가지에서 가장 매력적인 골목길로 꼽히는 카타리나 거리는 베네Vene 거리
와 뮈리바헤Müürivahe 거리를 이어주는 좁은 골목으로 중세 시대에 성 카타리
나 수도원으로 가는 길로 이용되었기 때문에 붙여진 이름이다. 건물 아래에 있
는 어두운 통로를 지나면 중세 시대의 어느 골목길로 갑자기 타임슬립된 듯한
돌길이 이어지는데, 그 골목 안에 독특하고 예쁜 핸드 메이드 수공예품을 파는
카타리나 길드의 공방과 숍들이 숨어 있다. 수공업자들이 작업하는 모습을 직
접 볼 수 있는 오픈 스튜디오도 있다.

📍 베네 거리에서는 Katariina Guild 건물을 통해 진입, 비루 게이트로 들어
올 경우에는 뮈리바헤 거리를 따라 걷다가 성벽 위를 올라가볼 수 있는 헬
레만 탑Hellemanni Torn 맞은편의 민트색 건물 1층 통로를 통해 이동

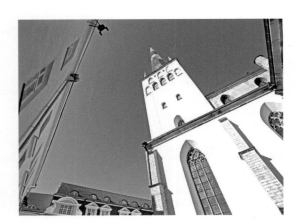

성 올라프 교회
Oleviste Kirik

탈린 구시가지의 드라마틱한 경치를 감상할 수 있는 대표적인 스폿으로 한때는 세계에서 가장 높은 건물이기도 했다. 과거에는 159m의 뾰족한 첨탑이 항구로 접근하는 배들의 이정표와 피뢰침 역할을 했는데 실제로 3번이나 번개에 맞아 교회가 불에 타버린 일도 있었다고 한다. 현재의 첨탑은 124m 높이로 전보다는 많이 낮아졌지만 여전히 탈린의 중요한 랜드마크로 사랑받고 있으며 4~10월에는 첨탑의 전망 데크에도 올라갈 수 있다.

📍 뚱보 마르가레타 탑에서 구시가지 중심 방향으로 도보 3분
🏠 Lai tn 50, 10133 Tallinn
🕐 4~6월과 9~10월 매일 10:00-18:00 / 7~8월 매일 10:00-20:00
€ **교회** 무료, **탑** 성인 €5, 학생 €3, 탈린 카드 소지자 무료

성 니콜라스 교회 박물관 Niguliste museum

구시가지 남쪽에 있는 성 니콜라스 교회 박물관은 13세기 중반에 세워진 중세 교회로 내부에 가장 중요한 중세와 근세의 에스토니아 기독교 예술품을 전시해놓은 종교 박물관이다. 가장 유명한 전시품은 중세 후기의 정교하고 아름다운 제단화와 목각 조각품들인데 특히 성인들이 해골과 함께 춤을 추고 있는 으스스한 분위기의 대형 제단화인 〈Danse Macabre(죽음의 무도)〉는 15세기 후반 독일의 화가 베른트 노트케Bernt Notke의 작품으로 유럽에서 가장 아름답고 잘 보존된 중세 제단화 중 하나로 손꼽힌다. 그 밖에 에스토니아 수공업 길드 멤버들이 만든 아름다운 은 공예품을 모아놓은 실버 챔버Hõbedakamber도 빼놓을 수 없는 볼거리이다. 교회 건물 자체의 음향효과가 탁월하여 다양한 콘서트도 자주 열린다.

📍 톰페아 언덕 입구, 관광 안내소에서 Niguliste 거리를 따라 도보 2분
🏠 Niguliste 3, 10146 Tallinn
🕐 10:00-18:00, 12/31 10:00-15:00, 월요일 휴관
€ 성인 €12, 학생 €8, 8세 이하 어린이와 탈린 카드 소지자 무료, 5/18, 5/19(18:00-23:00) 무료
@ niguliistemuuseum.ekm.ee/en/

톰페아 Toompea

톰페아는 탈린 구시가지 서쪽에 있는 나지막한 언덕으로 과거 탈린을 지배했던 권력자들의 역사가 고스란히 남아 있는 곳이다. 구시가지의 낮은 지역에서 톰페아로 오르는 길은 귀족들이 말을 타고 다니던 피크 얄그Pikk jalg와 가파른 계단 길인 뤼이케 얄그Lühike Jalg가 있는데 둘 중 한쪽으로 올라가서 한 바퀴 돌아본 후 다른 쪽 길로 내려오면 된다.

톰페아에서 가장 먼저 만나게 되는 스폿은 화려하고 우아한 아름다움을 뽐내는 알렉산더 네프스키 대성당Aleksander Nevski katedraal이다. 1900년에 세워진 러시아정교회 대성당으로서 내부는 정교한 모자이크와 화려한 금빛의 이콘화로 꾸며져 있으니 그냥 지나치지 말고 안으로 들어가보자. 대성당 맞은편에는 과거 지배자들의 궁전과 성벽, 중세의 성탑으로 이루어진 톰페아 성Toompea loss(www.riigikogu.ee/en/visit-us)이 있는데 지금은 앞쪽의 바로크 양식 핑크빛 건물이 에스토니아 국회의사당으로 사용되고 있어 무료 가이드 투어로만 방문할 수 있다.

알렉산더 네프스키 대성당과 톰페아 성 사잇길로 좀 더 들어가면 톰페아의 가장 중심에 있는 에스토니아 루터교회의 총본산인 톰교회Toomkirik도 만날 수 있으며 거기서 코호투Kohtu 거리를 따라가면 구시가지가 한눈에 내려다보이는 것으로 유명한 코후트오차 전망대Kohtuotsa Vaateplatvorm가 있다.

📍 라에코야 광장에서 피크 얄그Pikk jalg 또는 뤼이케 얄그Lühike Jalg를 이용하여 도보 7분

1   알렉산더 네프스키 대성당
2   에스토니아 국회의사당
3   톰교회

133

Restaurants, Café & Bar

마이아스모크

Maiasmokk | 카페 & 마지팬 |

1864년에 오픈한 탈린에서 가장 오래된 카페이며 가장 인기 있는 카페이기도 하다. 내부는 전통이 고스란히 느껴지는 고풍스럽고 럭셔리한 분위기이며 이 카페의 대표 메뉴인 마지팬과 달콤한 디저트를 커피나 차와 함께 즐길 수 있다. 2층에는 에스토니아 전통 요리 레스토랑이 있다.

📍 라에코야 광장에서 시청사 맞은편 골목으로 도보 1분

🏠 Pikk tn 16, 10123 Tallinn

☎ +372 646 4079

🕐 **카페** 매일 09:00-21:00
　레스토랑 매일 11:00-21:00

€ 마지팬 케이크 €4.5, 카페라테 €4

레스토랑 하르그 Restoran Härg | 스테이크 |

미쉐린 가이드 에스토니아 빕 구르망에 2022, 2023 연속 이름을 올린 레스토랑으로, 최고 품질의 고기를 사용한 스테이크와 그릴 요리 등이 유명하다. 메인 요리와 잘 어울리는 고급 와인과 다양한 음료도 제공된다. 대부분의 메뉴가 뜨거운 숯불 위 혹은 숯불 안에서 조리되며, 이중 인기 메뉴는 숯불에 바로 구운 마블 비프 립아이 스테이크인 더티 스테이크다.

📍 비루 게이트에서 도보 15분

🏠 Maakri 21, 10145 Tallinn   ☎ +372 5382 5003

🕐 월~목요일 11:30-23:00, 금요일 11:30-24:00, 토요일 14:00-24:00, 일요일 휴무

€ 애피타이저, 수프 €6~18, 더티 스테이크 €18, 메인 요리 €16~37, 디저트 €6~21

올데 한자 Olde Hansa | 에스토니아 전통 요리 |

탈린을 찾는 관광객들에게 가장 잘 알려진 전통 레스토랑으로 라에코야 광장과 연결되어 있다. 요리 맛은 다른 맛집들에 비해 조금 떨어진다는 평이 있지만 중세로 시간 여행을 떠난 듯한 실내장식과 전통 의상을 입은 직원들까지 중세 분위기 하나는 제대로이다. 요리보다는 달콤한 흑맥주인 다크 허니 비어와 계피 맛의 시나몬 비어가 유명하다. 가게 앞에서는 에스토니아 전통 간식인 설탕에 볶은 아몬드도 판매한다.

📍 라에코야 광장에서 도보 1분   🏠 Vana turg 1, 10140 Tallinn

☎ +372 627 9020   🕐 매일 11:00-24:00

€ 수프, 샐러드 €8.5~11.5, 메인 요리 €15.8~68, 디저트 €8~12

쿠커 라에코야 플라츠

Kooker Raekoja plats | 팬케이크 |

라에코야 광장에 자리한 미니 팬케이크로 유명한 카페이다. 한 입 사이즈의 귀여운 미니 팬케이크에 1유로를 추가하면 라즈베리 잼, 솔티드 캐러멜, 누텔라, 연유, 마늘 소스, 사워크림 중 원하는 소스를 선택할 수 있다. 중심가에 있어 찾기도 쉬우니 달달한 간식 생각이 나면 방문해보자.

📍 라에코야 광장에 위치

🏠 Raekoja plats 1, 10146 Tallinn

☎ +372 5197 1231

🕐 월~목요일 11:00-21:00, 금 11:00-22:00, 토~일요일 10:00-22:00

€ 미니 팬케이크 15개 €6, 햄 & 치즈 미니 팬케이크 15개 €6, 소스 50ml €1, 커피 €3

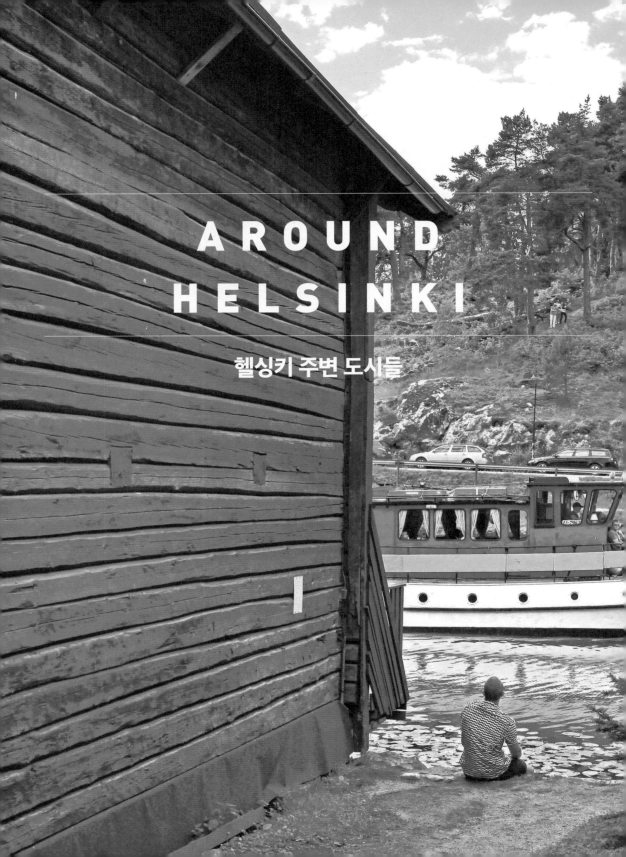

AROUND HELSINKI

헬싱키 주변 도시들

포 르 보

Porvoo

헬싱키에서 50㎞ 동쪽으로 떨어진 핀란드 남부 해안에 위치한 도시 포르보는 13세기 스웨덴 정착민들이 세운 핀란드에서 두 번째로 오래된 도시이다. 포르보의 가장 큰 볼거리는 오랜 역사의 흔적이 고스란히 남아 있는 구시가지의 아기자기한 골목들이며 강변에 늘어서 있는 빨간 목조 건물들은 포르보를 상징하는 랜드마크이다. 포르보는 또한 핀란드의 국민 시인 요한 루드비그 루네베리Johan Ludvig Runeberg의 도시라고도 할 수 있다. 루네베리 부부와 아이들이 살았던 루네베리의 집에는 가족의 평화로운 일상이 그대로 보존되어 있으며 핀란드 사람들이 매년 2월 5일 '루네베리의 날'을 기념하며 먹는 루네베리 케이크도 포르보 구시가지의 카페들에서는 연중 맛볼 수 있다.

포르보 여행 정보 | www.visitporvoo.fi

Porvoo

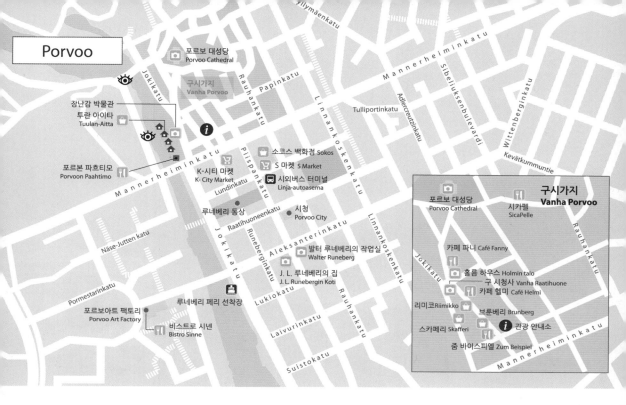

포르보 대성당 Porvoo Cathedral
구시가지 Vanha Porvoo
Jokikatu
Papinkatu
Rauhankatu
Tulliportinkatu
Mannerheiminkatu
Adlercreutzinkatu
Sibeliuksenbulevardi
Wittenberginkatu
Kevätkummuntie
장난감 박물관
투란 아이타
Tuulan-Aitta
Mannerheiminkatu
포르본 파흐티모
Porvoon Paahtimo
소코스 백화점 Sokos
K-시티 마켓
K- City Market
S 마켓 S Market
시외버스 터미널
Linja-autoasema
Piispankatu
Lundinkatu
Linnankoskenkatu
루네베리 동상
시청
Porvoo City
Näse-Jutten katu
Jokikatu
Raatihuoneenkatu
Runeberginkatu
Aleksanterinkatu
Linnankoskenkatu
Rauhankatu
발터 루네베리의 작업실
Walter Runeberg
J. L. 루네베리의 집
J. L. Runebergin Koti
Pormestarinkatu
Lukiokatu
포르보아트 팩토리
Porvoo Art Factory
루네베리 페리 선착장
비스트로 시넨
Bistro Sinne
Laivurinkatu
Suistokatu

구시가지 Vanha Porvoo

포르보 대성당 Porvoo Cathedral
시카펠 SicaPelle
카페 파니 Café Fanny
Jokikatu
Rauhankatu
홀름 하우스 Holmin talo
구 시청사 Vanha Raatihuone
카페 헬미 Café Helmi
리미코 Riimikko
브룬베리 Brunberg
스카페리 Skafferi
관광 안내소
줌 바이스피엘 Zum Beispiel
Mannerheiminkatu

관광 안내소
Tourist Information | Visit Porvoo

- 포르보 시외버스 터미널에서 도보 6분
- Rihkamatori B, 06100 Porvoo
- 월~금요일 09:00-15:00, 토~일요일 휴무

찾아가기

페리

5월 중순~9월 초까지는 헬싱키에서 포르보까지 J.L.Runeberg(www.msjlruneberg.fi/en) 사의 크루즈 페리로 이동할 수 있다. 헬싱키에서는 마켓 광장 앞에서 오전 10시에 출발하며 포르보에서는 Aleksanterinkatu 다리 남쪽에서 오후 4시에 출발하여 돌아오는 스케줄이기 때문에 헬싱키에서 하루 일정으로 다녀오기 딱 좋다. 이동 시간은 약 3시간 30분이 소요되며 티켓 가격은 성인 편도 €35, 왕복 €47이다.

버스

헬싱키에서 포르보까지는 장거리 버스로 50분~1시간 10분 정도면 이동할 수 있다. 자세한 버스 시간표 및 예약은 www.matkahuolto.fi/en 참고.

시내 교통

포르보의 주요 볼거리는 모두 시외버스 터미널에서 도보로 이동 가능하며 여름철에는 관광 안내소에서 자전거를 빌려 돌아볼 수도 있다.

Travel Highlight

구시가지 Vanha Porvoo

포르보의 구시가지는 이 도시의 오랜 역사를 그대로 반영한 곳으로 예쁜 파스텔 톤의 목조 주택들이 늘어선 골목골목마다 아기자기한 레스토랑과 카페, 상점이 가득하다. 구시가지 중심인 시청사 광장에는 핀란드에서 가장 오래된 시청사인 벽돌 색 2층 건물과 18세기 부유한 상인의 집이었던 홀름 하우스Holmin talo라는 흰색 건물이 남아 있는데 지금은 두 곳 모두 포르보 역사 박물관(www.porvoonmuseo.fi)으로 사용되며 구시가지 끝 언덕 위에 있는 15세기에 세워진 포르보 대성당도 들러볼 만하다.

대성당

구시청사

인형 & 장난감 박물관

강가 목조 주택

구시가지 강변에는 이전에 과일, 와인, 커피, 담배, 목재 등을 보관하는 창고로 사용되던 빨간 목조 건물들이 그대로 보존되어 있어 포르보의 가장 유명한 랜드마크로 사랑받고 있다. 현재 이 목조 건물들은 대부분 사유지인 주택으로 이용되지만 일부는 레스토랑과 바로 바뀐 곳도 있어 직접 내부에 들어가볼 수 있다. 구시가지 강변 근처의 하늘색 목조 주택에는 핀란드 최고의 장난감 박물관으로 손꼽히는 포르보 인형 & 장난감 박물관도 있다.

📍 포르보 장거리 버스 터미널에서 도보 10분

🕐 **포르보 인형 & 장난감 박물관** 11:00-17:00(시즌에 따라 변경 및 비정기 휴관)

€ **포르보 인형 & 장난감 박물관** 성인 €7, 어린이 €3

J. L. 루네베리의 집
J. L. Runebergin Koti

핀란드의 국민 시인 요한 루드비그 루네베리와 아
내인 프레데리카 루네베리Fredrika Runeberg가 아
들들과 함께 살았던 집으로 예쁜 개나리 색 목조 주
택이다. 집 안에는 여우 가죽과 사냥용 총들이 벽에
걸려 있는 'Fox Skin Room', 찬장 속의 그릇과 냄
비들, 루네베리가 보던 책으로 가득한 서재 등 루
네베리 가족의 생활을 엿볼 수 있는 자료들이 고스
란히 남아 있다. 프레데리카가 정성껏 돌보던 정원
은 지금도 아름답게 가꿔지고 있어 이 집을 더욱 정
겹게 만든다. 같은 입장권으로 길 건너편에 있는 루
네베리의 아들이자 조각가인 발터 루네베리Walter
Runeberg의 작업실도 함께 관람할 수 있다.

📍 포르보 장거리 버스 터미널에서 구시가지 반
　대 방향으로 도보 5분

🏠 Aleksanterinkatu 3, 06100 Porvoo

🕐 5~9월 매일 10:00-16:00, 10~4월 수~일요
　일 10:00-16:00

€ 성인 €8, 학생 €6, 18세 미만 어린이 무료

루네베리 아들 작업실

Shopping

브룬베리
Brunberg

핀란드의 대표 초콜릿 & 사탕 제조 업체 중 하나인 브룬베리는 1871년 포르보에서 처음 시작된 회사이다. 포르보에 공장과 같이 있는 팩토리 숍과 구시가지에 매장을 각각 운영하고 있는데, 구시가지 매장의 경우 규모는 작지만 초콜릿, 사탕, 젤리, 캐러멜 등 모든 종류의 브룬베리 제품을 판매한다. 락토스 프리 밀크 초콜릿과 슈가 프리 초콜릿, 감초 사탕 등 독특한 제품이 선물용으로 인기가 있다.

📍 구시가지 입구, Zum Beispiel과 같은 건물
🏠 Välikatu 4, 06100 Porvoo
☎ +358 19 548 4235
🕐 월~금요일 10:00-18:00, 토~일요일 10:00-16:00

투란 아이타 Tuulan-Aitta

장난감 박물관 옆 강가의 빨간 목조 주택에 자리 잡은 앤티크 & 세컨드 핸드 숍이다. 입구의 목조 계단을 올라 2층 매장에 올라가면 이딸라, 아라비아, 누타야르비, 리히마키 등 핀란드의 전설적인 글라스와 테이블 웨어의 빈티지 제품이 가득하여 여성 고객들의 사랑을 듬뿍 받고 있다.

- 📍 구시가지 내 장난감 박물관 옆
- 🏠 Jokikatu 14, 06100 Porvoo
- ☎ +358 40 531 8245
- 🕐 여름 시즌 매일 10:00-15:00

리미코 Riimikko

구시가지 중심 거리에 위치한 장난감 가게로 빈티지한 느낌의 장난감부터 인형의 집, 무민 캐릭터 상품, 목재 장난감, 종이 인형, 문구, 엽서까지 다양한 종류의 장난감을 모두 갖추고 있다. 온라인 숍도 운영하여 홈페이지에서 판매하는 제품을 미리 확인해볼 수 있다.

- 📍 구시가지 입구에서 도보 2분
- 🏠 Välikatu 8, 06100 Porvoo
- ☎ +358 19 524 5711
- 🕐 월~금요일 10:00-17:00, 토요일 10:00-16:00, 일요일 휴무

스카페리 Skafferi

프랑스와 독일의 유명 티 브랜드인 쿠스미, 타펠구
트의 다양한 티와 관련 용품, 프랑스 프리미엄 오일
브랜드 라투랑젤의 오일, 다양한 시즈닝 제품, 달콤
한 캔디 등을 판매하는 상점이다. 예쁜 패키지의 티
세트는 선물용으로도 좋다.

📍 구시가지 입구에서 도보 1분

🏠 Jokikatu 41, 06100 Porvoo

☎ +358 40 481 8101

🕐 화~금요일 10:00-17:00, 토요일 10:00-
15:00, 일~월요일 휴무

시카펠 SicaPelle | 북유럽 레스토랑 |

포르보 구시가지, 노란색의 Hotel Onni 부지 내에
있는 시카펠은 시즌과 그때 그때의 분위기에 맞춰
매월 다른 메뉴를 선보이는 세련된 분위기의 레스
토랑이다. 현지의 신선한 재료를 사용한 음식은 플
레이팅과 맛 모두 수준급이고 취향에 따라 와인을
추천해주는 섬세한 서비스도 인상적이다. 가격은
다소 높은 편이지만 충분히 방문할 만한 가치가 있
는 곳이다.

📍 구시가지 대성당 입구에서 왼쪽으로 도보 3
  분, Hotel Onni 부지 내

🏠 Kirkkotori 3, 06100 Porvoo

☎ +358 40 147 9933

🕐 수~금요일, 17:00-24:00, 토요일 14:00-
  24:00, 일~월요일 휴무

€ 디너 9코스 €94

포르본 파흐티모

Porvoon Paahtimo | 바 & 카페 |

구시가지 강변의 예전에 창고로 사용되던 견고한 벽돌 건물에 있는 인기 바 겸 카페이다. 여름철에는 테라스 옆에 바지선을 정박하고 갑판도 테라스 석으로 이용하는데 시원한 강바람을 맞으며 낮 시간에는 카페에서 직접 로스팅한 커피와 케이크를, 저녁 시간에는 맥주나 와인 한잔을 마시기에 더할 나위 없이 좋다.

📍 Mannerheiminkatu 다리에서 계단을 내려가 바로

🏠 Mannerheiminkatu 2, 06100 Porvoo

☎ +358 19 617 040

🕐 월~목요일, 일요일 10:00-23:00, 금~토요일 10:00-02:00

€ 카푸치노 €4.2, 생맥주 €7~10

카페 파니

Café Fanny | 카페 |

구시가지 중심 시청사 광장에 있는 아담한 카페로 유명한 루네베리 케이크를 비롯하여 시크릿 레시피로 직접 만드는 달콤한 홈메이드 케이크가 유명하다. 여름철에는 야외 테라스 석에 앉아 케이크와 커피를 즐기는 사람들이 많으며 관광 중에 잠깐 쉬어 가기에도 좋다.

📍 구시가지 중심 시청사 광장의 홀름 하우스 옆

🏠 Välikatu 13, 06100 Porvoo

☎ +358 50 462 9924

🕐 **여름철** 매일 09:00-18:00, **겨울철** 월~금요일 10:00-16:00, 토~일요일 09:00-17:00

€ 루네베리 케이크 €4.5, 커피 €2.7~4.7

루네베리 케이크 Runeberg torte

루네베리 케이크는 시인의 아내 프레데리카가 단것을 좋아하던 루네베리에게 직접 구워주던 미니 케이크로, 아몬드가 들어간 빵에 아이싱 슈가와 베리 잼을 얹어 새콤달콤한 맛이 난다.

147

카페 헬미 Café Helmi | 카페 |

18세기의 우아하고 고풍스러운 가정집을 방문한 듯한 느낌을 주는 카페로 시청사 광장과 가까운 구시가지 중심 거리에 있다. 커피나 차를 마시며 루네베리 케이크나 달콤한 페이스트리, 케이크를 즐기기에 좋다. 여름철에는 뒤쪽 정원의 야외 테라스 석도 오픈한다.

📍 시청사 광장 근처 구시가지 중심 거리
🏠 Välikatu 7, 06100 Porvoo
☎ +358 19 581437
🕐 월~금요일 11:00-18:00, 토요일 10:00-18:00, 일요일 11:00-17:00
€ 루네베리 케이크 €5, 커피 €3.5~

줌 바이스피엘 Zum Beispiel | 유기농 브런치 |

유기농 재료로 만든 오가닉 브런치를 즐기기에 좋은 카페 겸 레스토랑이다. 매주 새로운 메뉴로 변경되는 런치 메뉴가 인기 있는데 수프, 샐러드, 파스타, 버거 등 다양한 요리 중 골라서 주문할 수 있다. 4가지 종류의 푸짐한 Breakfast 메뉴와 홈메이드 아이스크림도 유명하다.

📍 구시가지 입구의 왼쪽, Simolin House 건물 1층
🏠 Rihkamakatu 2, 06100 Porvoo
☎ +358 50 439 6066
🕐 월~목요일 10:00-21:00, 금~토요일 10:00-22:00, 일요일 휴무
€ 아침 식사 €20~22, 메인 요리 €25~29

비스트로 시넨 Bistro Sinne | 북유럽 레스토랑 |

직접 운영하는 밭에서 생산되는 야채와 버섯은 물론 직접 재배한 꿀을 사용해 만드는 정성스러운 음식은 음식 그 이상의 의미와 스토리가 담겨 있어 더 특별하다. 6코스로 준비되는 디너는 식사 시간만도 3~4시간 정도 소요되니 시간에 여유가 있다면 도전해보자.

📍 루네베리 페리 선착장에서 도보 3분, 포르보 아트 팩토리 내
🏠 Läntinen Aleksanterinkatu 1, 06100 Porvoo
☎ +358 10 322 8140
🕐 수~금요일 17:00-22:00, 토요일 12:00-22:00, 일요일 12:00-17:00, 월~화요일 휴무
€ 3코스 €54~59, 6코스 €79, 아라카르트 메인 €22~32

투르쿠
Turku

핀란드 남서부 해안의 중심 도시이자 옛 수도인 투르쿠는 13세기에 생긴 핀란드에서 가장 오래된 도시이다. 주요한 볼거리는 모두 이 도시의 젖줄과도 같은 아우라 강을 따라 자리 잡고 있는데, 기차역과 장거리 버스 정류장, 시장이 열리는 마켓 광장, 쇼핑센터 등이 있는 강 서쪽이 현재의 중심부이다. 맞은편인 강 동쪽은 과거에 도심이었던 곳으로 대성당, 루오스타린매키 수공예 박물관 등의 주요 관광지들이 있다. 핀란드의 유명한 여름 휴양지인 난탈리와 무민 월드에 가면서 투르쿠에 잠깐 들르는 사람도 많지만 투르쿠의 진정한 매력을 알기 위해서는 하루 정도는 온전히 할애해야 한다.

투르쿠 여행 정보 | en.visitturku.fi

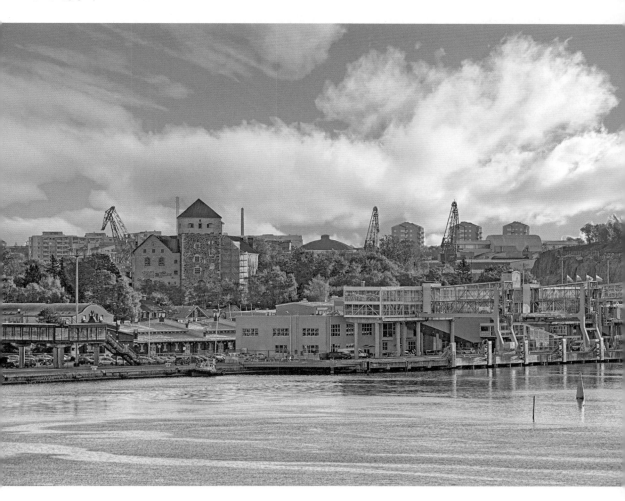

관광 안내소
Tourist Information | Visit Turku

📍 투르쿠 시내 중심 마켓 광장 근처에 위치

🏠 Aurakatu 8, 20100 Turku

🕐 월~목요일 09:00-18:00, 금요일 09:00-16:00, 토~일요일 휴무

찾아가기

기차

헬싱키 중앙역에서 투르쿠 중앙역까지는 직행 열차가 운행되었으나 선로 공사로 인해 1번 환승해야 한다. 헬싱키에서 투르쿠 Kupittaa역까지 직행 열차로 이동 후 32번, 42번 버스를 타고 마켓 광장으로 가는 방법도 있다. 자세한 기차 노선 및 운행 시간표는 핀란드 철도청 홈페이지(www.vr.fi/cs/vr/en/frontpage) 참고. 중앙역에서 마켓 광장까지는 도보로 15분 정도 소요된다.

버스

투르쿠의 장거리 버스 터미널은 마켓 광장에서 도보 10분 정도 거리에 있다. 마트카후올토Matkahuolto(www.matkahuolto.fi/en), 온니버스 OnniBus(www.onnibus.com) 등 여러 회사에서 헬싱키와 투르쿠 사이에 장거리 버스를 운행하며 이동 시간은 약 2시간 5분~2시간 35분 소요된다. 자세한 버스 노선 및 운행 시간표는 각 회사 홈페이지 참고

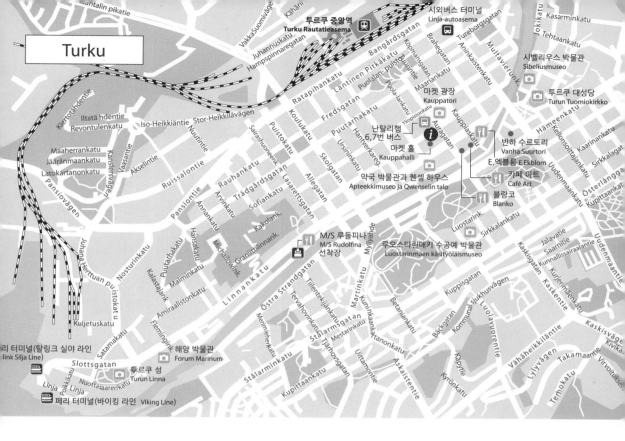

Turku

지도 내 라벨:

- naantalin pikatie
- Turku 중앙역 Turku Rautatieasema
- 시외버스 터미널 Linja-autoasema
- Kasarminkatu
- Jokikatu
- Tehtaankatu
- Kähärii
- Vakka-Suomivägen
- Juhannuskatu Hampspinnaregatan
- Bangårdsgatan
- Brahegatan
- Tureborgsgatan
- Koskenninkatu
- Multaviertn.
- 시벨리우스 박물관 Sibeliusmuseo
- Iltată hdentie Revontulenkatu
- Kiertotähdentie
- Iso-Heikkiäntie Stor-Heikkilävägen
- Ratapihankatu
- Läntinen Pirkkäkatu
- Puolalan puisto
- Puotarhankatu
- Kommangatan
- Aninkaistenkatu
- Maariankatu
- Yliopistonkatu
- 마켓 광장 Kauppatori
- 투르쿠 대성당 Turun Tuomiokirkko
- Hämeenkatu
- Kellonsoittajankatu
- Kaarinankatu
- Sirkkalagat.
- Maaherrankatu Jäärānmaankatu
- Latokartanonkatu
- Kansliestie
- Vaasantie
- Akselintie
- Ruissalontie
- Nuutintie
- Koulukatu
- Fredsgatan
- Puutarhankatu
- Hantverkareg.
- Ursininkatu
- Skolgatan
- 난탈리행 6,7번 버스
- 마켓 홀 Kauppahalli
- Auragatan
- Kauppiaskatu
- 반하 수르토리 Vanha Suurtori
- E. 엑블롬 E.Ekblom
- 카페 아트 Café Art
- 블랑코 Blanko
- Luostarink.
- Pansiovägen
- Juhana Herttuan pu istokat u
- Pustokatu
- Sarashuoneenk.
- Lasarettsgatan
- Trädgårdsgatan
- Allegatan
- Pansiontie
- Annankatu
- Arvinkatu
- Sofiankatu
- Kakolank.
- Rauhankatu
- 약국 박물관과 퀜셀 하우스 Apteekkimuseo ja Qwenselin talo
- Österlångga.
- Kupittaankat.
- Sirkkalankatu
- Kuljetuskatu
- Nosturinkatu
- Michałlowink.
- Granintbilinnank.
- M/S 루돌피나 M/S Rudolfina 선착장
- Myllymäk
- 루오스타린매키 수공예 박물관 Luostarinmäen käsityöläismuseo
- Kuppisgatan
- Bäckgatan
- Jalavatie
- Saarnitie
- Kunnallissairaalantie
- Kaskisgatan
- Kaskentie
- Kurjenmäenkatu
- Kivika.
- Vähäheikkiläntie
- Lylyvägen
- Takamaantie
- Kaskisvägen
- Virvoittuksen
- Uudenmantie
- Linnankatu
- Puutahkatu
- Hanskatu
- Malminkatu
- Kalastajank.
- Amiraalistonkatu
- Flemingink.
- Östra Strandgatan
- Tilientekijänkatu
- Tervahovinkatu
- Stålarmsgatan
- Tjärhovsgatan
- Kunnankankatanonkatu
- Betaniankatu
- Kommunal sjukhusvägen
- Luolavuorentie
- Käpyrie
- Kyrönkatu
- Temokatu
- Satamakatu
- 해양 박물관 Forum Marinum
- Merimiehenkatu
- Martinkatu
- Mestarinkatu
- Uittamontie
- Askaistentie
- 터미널(탈링크 실야 라인 link Silja Line)
- Slottsgatan
- Pokkilatu Linja
- Linja
- 투르쿠 성 Turun Linna
- Nuottasaarenkatu
- 페리 터미널(바이킹 라인 Viking Line)
- Stålarminkatu
- Kupittaankatu

시내 교통

페리

탈링크 실야라인Tallink Silja Line(www.tallinksilja.com)과 바이킹 라인Viking Line(www.sales.vikingline.com)의 크루즈 페리가 아우라 강Aurajoki 끝에 있는 투르쿠 항구와 스톡홀름 사이를 운항한다. 항구에서 시내까지는 도보로 이동하기엔 먼 거리이므로 시내버스 1번, 1B번을 타고 이동하자.

항구행 시내버스 1번

관광 안내소를 중심으로 그 주변의 주요 관광지들은 도보로 충분히 돌아볼 수 있으며 항구 근처의 투르쿠 성과 해양 박물관에 갈 경우에만 시내버스를 이용하면 된다. 난탈리에 있는 무민 월드에 갈 때도 투르쿠의 마켓 광장에서 시내버스 6번, 7번을 이용할 수 있다(시내버스 요금 적용). 운행 시간표 및 노선, 티켓 가격 등 투르쿠 시내버스에 대한 좀 더 자세한 정보는 www.foli.fi/en 참고. 버스 티켓은 Föli 애플리케이션, 서비스 포인트, 티켓 판매기, 버스 기사를 통해서 구입할 수 있다.

€ 1회권 €3, 1day 티켓 €8

Travel Highlight

마켓 광장(카우파토리)

Kauppatori

투르쿠 서쪽 도심의 중심에 있는 마켓 광장은 투르
쿠 관광의 시작점이다. 광장에서는 주중 아침 일찍
부터 전통 시장이 열리는데 직접 키운 싱싱한 채소
와 과일 등의 유기농 농산물을 저렴한 가격에 구입
할 수 있어 주민들에게 인기가 많다. 광장 주변은
모든 시내버스가 정차하는 시내 교통의 허브이기
도 하다. 광장 근처에 있는 마켓 홀 내에는 투르쿠
의 유명 베이커리인 M 베이커리에서 운영하는 카
페 'Piece of Cake'도 있다.

📍 투르쿠 중앙역에서 도보로 15분 / 버스 32번,
42번을 타고 Kauppatori 하차(약 5분 소요)

🕐 월~금요일 07:00-18:00, 토요일 07:00-
15:00, 일요일 휴무

투르쿠 대성당 Turun Tuomiokirkko

아우라 강변의 국립 보호구역 내에 있는 투르쿠 대성당은 핀란드에서 가장 중요한 역사적 종교 건축물로 손꼽히는 성당이다. 1300년 가톨릭 성당으로 축성되었으나 지금은 핀란드 루터교회의 모교회 역할을 담당하고 있다. 1827년 투르쿠 대 화재로 크게 손상을 입어 이후 더 큰 규모로 재건되었는데 101m에 이르는 현재의 첨탑과 내부 장식은 거의 다 그때 만들어진 것이다. 내부에는 카를 루빙 엥겔Carl Ludvig Engel이 디자인한 설교단, 스웨덴 여왕 카린 몬스도테르 Karin Månsdotter의 묘 등이 있다. 대성당에서 강을 따라 조금만 내려오면 여름철 중세 마켓과 크리스마스 마켓 등의 축제가 열리는 반하 수르토리Vanha Suurtori(Old Great Square)가 있다.

📍 마켓 광장에서 다리를 건너 강변 산책로를 따라 도보 10~15분
🏠 Tuomiokirkonkatu 1, 20500 Turku
🕐 09:00-18:00   € 성당 무료, 박물관 €2

시벨리우스 박물관
Sibeliusmuseo

핀란드의 국민 작곡가인 장 시벨리우스Jean Sibelius의 이름을 딴 핀란드에서 가장 유명한 음악 박물관이다. 볼데마르 바에크만Woldemar Baeckman이 설계한 박물관 건물은 그 자체로도 핀란드 현대건축의 걸작 중 하나로 인정받고 있다. 박물관에는 약 2000점에 이르는 전 세계의 악기들이 전시되어 있으며 시벨리우스가 연주하던 악기와 악보, 편지, 사진, 신문 기사 모음 등 시벨리우스의 삶과 작품을 위한 전시실이 별도로 마련되어 있다.

📍 투르쿠 대성당에서 도보 2분
🏠 Piispankatu 17, 20500 Turku
🕐 화~일요일 11:00-16:00, (상시 변동, 홈페이지 확인 요망)
　　1월, 부활절, 하지, 12/6, 12/24~12/26, 12/31 휴관
€ 성인 €7, 학생 €5, 18세 미만 무료
@ www.sibeliusmuseum.fi/en

©TMK

약국 박물관과 퀜셀 하우스
Apteekkimuseo ja Qwenselin talo

관광 안내소 근처 아우라 강변에 있는 18세기 붉은 목조 주택에는 약국 박물관과 퀜셀 하우스라는 2개의 흥미로운 박물관이 있다. 퀜셀 하우스는 현존하는 투르쿠에서 가장 오래된 목조 주택으로 내부에는 18세기 후반의 로코코양식으로 꾸며진 방이 그대로 남아 있어 당시 상류층의 일상생활을 짐작해볼 수 있다. 19세기 핀란드 약국의 모습이 그대로 재현되어 있는 약국 박물관에는 투르쿠 약사 연합회가 수집한 오래된 약국용 조제 기구와 약을 보관하던 도자기들이 전시되어 있다. 박물관에 있는 카페 퀜셀에서 달콤한 홈메이드 케이크와 18세기 스타일의 음료를 판매하는데, 여름철에는 안뜰에 있는 야외 좌석이 인기가 있다.

📍 투르쿠 관광 안내소에서 도보 2분
🏠 Läntinen Rantakatu 13, 20100 Turku
🕐 화~일요일 10:00-18:00, 월요일 휴관, 12월 31일~1월 1일 휴관
€ 성인 €7, 7~15세 €2.5, 7세 미만 무료

루오스타린매키 수공예 박물관
Luostarinmäen käsityöläismuseo

©TMK

1827년 투르쿠 대 화재에서 살아남은 목재 주택이 그대로 보존되어 있는 야외 박물관으로 마치 18~19세기의 투르쿠 속으로 시간 여행을 떠난 듯한 느낌을 받을 수 있는 곳이다. 투르쿠 시가 주택들을 사들인 후 수공업자들이 기증한 기구로 작업장을 꾸며 1940년 박물관으로 오픈했다. 19세기 스타일로 꾸며진 집들이 예쁜 골목길을 사이에 두고 늘어서 있어 천천히 산책하듯 둘러보면 된다. 매년 8월 수공예의 날에는 다양한 수공예품을 만드는 축제가 펼쳐진다.

📍 투르쿠 관광 안내소에서 다리를 건너 도보 12분
🏠 Vartiovuorenkatu 2, 20700 Turku
🕐 5/4~6/2, 8/12~9/15, 11/25~1/6 화~일요일 09:00-17:00, 6/3~8/11 매일 10:00-18:00, 1/7~5/3, 하지, 9/16~11/29, 12/6, 12/24~12/25 휴관
€ 성인 €10, 7~15세 €4, 7세 미만 무료
@ www.turku.fi/en/handicraftsmuseum

투르쿠 성 Turun Linna

1280년대부터 700년 이상 아우라 강의 어귀를 굳건히 지켜온 투르쿠 성은 투르쿠에서 가장 유명한 관광 스폿이다. 오랜 역사 동안 방어용 요새, 왕들의 거주지, 법정, 감옥, 창고, 병영 등 여러 가지 용도로 사용되었기 때문에 성내에 있는 방들에는 투르쿠와 핀란드 역사의 중요한 순간과 사건의 흔적이 고스란히 남아 있다. 중요한 볼거리로는 중세의 목조 조각상 컬렉션을 가지고 있는 수녀의 예배당, 중세 스웨덴 왕들이 사용하던 왕의 방, 요한 3세와 그의 부인 카타리나 야겔로니카가 사용하던 왕과 왕비의 방, 지하 감옥 등이 있다. 성내의 안내원들은 모두 중세 복장을 하고 있으며 기사와 공주의 옷을 실제로 입어볼 수 있는 재미있는 체험 공간도 있다.

📍 버스 1번 Turun linna 정류장 하차(마켓광장에서 8분 소요), 항구에서 도보 8분
🏠 Linnankatu 80, 20100 Turku
🕐 4/9~2/6 화~일요일 10:00-18:00, 매주 월요일, 1/5, 부활절, 3/29, 6/12, 하지, 12/24~12/25 휴관
€ 전시관 성인 €12, 7~15세 €5, 7세 미만 무료

해양박물관 Forum Marinum

투르쿠 성 바로 옆에 있는 핀란드 해양 산업과 해군에 대한 박물관으로 건물에 있는 전시관과 여러 척의 전시 선박으로 이루어져 있다. 특히 인기 있는 것은 여름철에만 오픈하는 전시 선박들로 해군 교육에 사용되던 함선 Suomen Joutsen, 3개의 돛을 가진 목재 범선 Sigyn, 4척의 전함, 경찰 보트로 사용되던 장난감같이 귀여운 증기선 등 다양한 종류의 배에 직접 올라 내부를 둘러볼 수 있어 특별한 체험을 할 수 있다.

📍 버스 1번 Forum Marinum 정류장 하차, 투르쿠 성에서 도보 6분
🏠 Linnankatu 72, 20100 Turku
🕐 전시관 10:00-18:00, 월요일 휴관(시즌에 따라 오픈 시간 및 휴관일 변동) / 전시 선박 6~8월(매년 오픈일 변동), 11:00-19:00, 6/24~6/25 휴관
€ 전시관 성인 €13.5, 7~15세 €5
@ www.forum-marinum.fi/en

Restaurants, Café & Bar

E. 엑블롬

E.Ekblom | 북유럽 요리 |

아우라 강변에 있는 분위기 좋은 레스토랑으로 와인이나 칵테일을 곁들인 점심 식사를 즐기기 위해 찾는 사람이 많다. 신선한 제철 재료로 만드는 북유럽 요리는 모양도 맛도 훌륭하다. 여름철 점심시간에는 훨씬 부담 없는 가격에 3코스 메뉴를 즐길 수 있다.

📍 마켓 광장에서 강 쪽으로 나간 후 왼쪽 방향
(약 도보 4분)

🏠 Läntinen Rantakatu 3, 20100 Turku

☎ +358 2 536 9445

🕐 화~목요일 16:00-22:00, 금요일 16:00-24:00, 토요일 14:00-24:00, 일~월요일 휴무
(시즌에 따라 영업시간 변동)

€ 런치 3코스 메뉴 €35

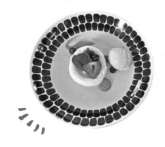

카페 아트 Café Art | 카페 |

아우라 강변 산책로에 있는 투르쿠 최고 인기 카페이다. 핀란드 바리스타 챔피언들이 만들어주는 예술적인 커피 맛과 라테아트는 두말할 것 없고, 홈메이드 케이크와 파이도 맛있기로 유명하다. 오믈렛, 토스트 등 간단한 식사 메뉴도 있다. 여름철에는 강변의 나무 그늘을 따라 야외 석을 놓아 더욱 운치 있다.

📍 마켓 광장에서 Kauppiaskatu를 따라 강 쪽으로 나간 후 오른쪽 방향
🏠 Läntinen Rantakatu 5, 20100 Turku
☎ +358 40 158 3383
🕐 월~금요일 10:00-19:00, 토요일 10:00-18:00, 일요일 11:00-17:00
€ 커피 €2.8, 카페라테 €3.9

블랑코 Blanko | 유로피언 퓨전 |

퓨전 요리에서 영감을 받은 메뉴는 다양한 요리 문화를 담아 블랑코만의 독특한 콘셉트를 갖춘 곳이다. 샐러드, 파스타, 버거, 스테이크 등 누구나 무난하게 즐길 수 있는 요리를 선보인다. 아우라 강변에 자리하고 있어 여름에는 시원한 야외 테이블이 인기가 좋다.

📍 마켓 광장에서 Kauppiaskatu를 따라 강 쪽으로 나간 후 오른쪽 방향으로 도보 2분
🏠 Aurakatu 1, 20100 Turku
☎ +358 2 233 3966
🕐 월~목요일 11:00-23:00, 금요일 11:00-03:00, 토요일 12:00-03:00, 일요일 휴무
€ 파스타, 리소토 €22~26, 메인 요리 €23~35

M/S 루돌피나 M/S Rudolfina | 크루즈 레스토랑 |

아우라 강을 따라 투르쿠의 주요 관광지를 도는 크루즈를 즐기면서 푸짐한 뷔페식 식사를 즐길 수 있는 색다른 레스토랑이다. 런치, 디너, 이브닝 크루즈 3가지 종류가 있는데, 런치와 디너 크루즈는 2시간, 이브닝 크루즈는 난탈리 베이 근처까지 운행하여 3시간~3시간 30분이 소요된다.

📍 투르쿠 구시가지와 항구 사이 레스토랑 Nerå 근처 선착장
🏠 Läntinen Rantakatu 37, 20100 Turku
☎ +358 40 846 3000
🕐 **런치 크루즈** 화~토요일 13:00(7월에는 월요일도 운행), 일요일 14:00 / **디너 크루즈** 화~토요일 16:00(7월에는 월요일도 운행) / **이브닝 크루즈** 화~토요일 19:00(7월에는 월요일도 운행)
€ 런치, 디너 크루즈 €35(일요일 런치 크루즈는 €40), 이브닝 크루즈 €45

난 탈 리

Naantali

투르쿠에서 서쪽으로 약 14㎞ 떨어진 작은 해안 마을 난탈리는 구시가지 바로 앞 작은 섬에 1993년 무민 월드가 생기면서 전 세계 무민 팬과 어린이들의 성지가 된 곳이다. 매년 6~8월 무민 월드가 문을 여는 시즌에는 항구 주변의 레스토랑과 카페에 관광객이 몰려들고 18~19세기 컬러풀한 목조 주택이 늘어선 구시가지에도 활기가 넘친다. 대부분 헬싱키나 투르쿠에서 당일치기로 방문하는 경우가 많지만 난탈리 스파 호텔의 '무민 스토리룸'에 숙박하며 여유로운 스파 시설을 즐겨보는 것도 추천할 만하다.

난탈리 여행 정보 | www.visitnaantali.com/en

관광 안내소 **Visit Naantali**

📍 난탈리 항구 근처 Fleminginkatu 와 Nunnakatu가 만나는 모퉁이에 위치

🏠 Nunnakatu 2, 21100 Naantali

🕐 연중 월~금요일 09:00-16:30(여름 시즌은 월~금요일 09:00-18:00, 토~일요일 10:00-16:00)

© 2014 Moomin Characters ™ & Dennis Livson

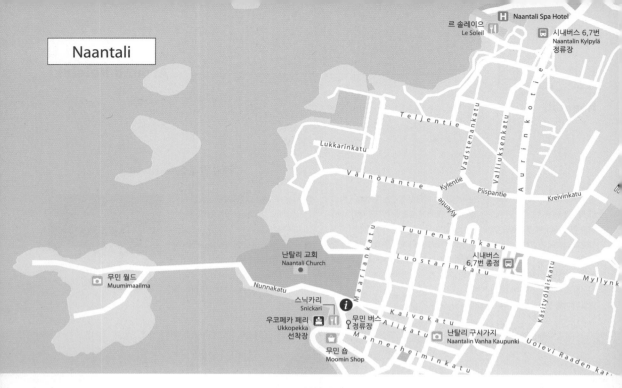

르 솔레이으 Le Soleil

Naantali Spa Hotel H

시내버스 6,7번 Naantalin Kylpylä 정류장

Teljentie

Lukkarinkatu

Vadstenankatu

Valliuksenkatu

Aurinkotie

Väinöläntie

Kylentie

Piispantie

Kreivinkatu

Kylentie

Maariankatu

Tuulensuunkatu

Luostarinkatu

시내버스 6,7번 종점 Myllynk

난탈리 교회 Naantali Church

Käsityöläiskatu

Nunnakatu

무민 월드 Muumimaailma

스닉카리 Snickari

Kaivokatu

Alikatu

무민 버스 정류장

난탈리 구시가지 Naantalin Vanha Kaupunki

우코페카 페리 선착장 Ukkopekka

Mannerheiminkatu

무민 숍 Moomin Shop

Uolevi Raaden kat

찾아가기

버스

투르쿠 → 난탈리

시외버스

투르쿠 마켓 광장의 A1 플랫폼에서 6번 또는 7번 버스를 타고 종점에서 하차한 다(약 35~40분 소요, 가격 편도 €3). 무민 월드까지는 난탈리 구시가지를 지나 15~20분 정도 도보로 더 이동해야 한다. 헬싱키에서 이동할 경우에는 우선 투르 쿠까지 기차나 버스로 도착하여 난탈리까지 동일하게 이동하면 된다. 자세한 버 스 노선 및 운행 시간표는 www.foli.fi/en 참고.

시내 교통

난탈리의 중심가는 항구와 항구 남쪽에 있는 구시가지이며 무민 월드로 가는 다리도 항구 근처에 있어 모두 도보로 돌아볼 수 있다.

페리

6월 중순~8월 중순의 화~토요일에는 투르쿠에서 난탈리까지 우코페카 Ukkopekka 증기선을 타고 이동할 수도 있다. 투르쿠에서는 오전 10시와 오후 2시, 난탈리에서는 정오와 오후 4시에 하루 2회 출발하며 이동 시간은 1시간 45분 정도이다. 티켓 가격은 성인 편도 €32, 왕복 €38, 3~12세 편도 €16, 왕복 €19인데 어린이들은 한 시간 정도 소요되는 보물찾기 프로그램인 '해적의 모 험Pirate Adventure'이 포함되어 있다. 투르쿠 선착장은 마르틴실타Martinsilta 다리 옆에 위치하며 난탈리 선착장은 무민 월드 입구에서 도보로 약 7분 거 리에 있다. 우코페카 페리에 대한 좀 더 자세한 정보는 www.ukkopekka.fi/ en 참고.

Travel Highlight

난탈리 구시가지

Naantalin Vanha Kaupunki

항구 옆에 있는 난탈리 구시가지는 관광객들로 붐비는 무민 월드를 벗어나 한적한 분위기를 만끽하며 산책하기 좋은 곳이다. 각각의 이름을 갖고 있는 18~19세기 컬러풀한 목조 주택들에는 사랑스러운 레스토랑과 카페, 숍, 박물관이 자리 잡고 있다.

📍 난탈리 항구 바로 옆

무민 월드 Muumimaailma

난탈리 구시가지 맞은편에 있는 카일로Kailo라는 작은 섬 전체에 무민의 동화 속 세계를 재현해놓은 테마파크인 무민 월드는 아이는 물론 어른들까지도 동심의 세계로 돌아가 즐거운 시간을 보낼 수 있는 곳이다. 섬 내에는 무민 캐릭터들이 공연을 펼치는 엠마 극장, 무민 우체국, 무민 하우스, 무민 파파의 보트, 스너프킨의 캠프, 마녀와 앨리스의 오두막 등 무민 가족과 친구들이 자연과 아름다운 하모니를 이루며 살아가는 무민 밸리가 아기자기하게 꾸며져 있다. 매년 6월 상순부터 8월 중순까지만 문을 열기 때문에 여름철에만 방문할 수 있다. 무민 월드를 좀 더 재미있게 즐기고 싶다면 방문하기 전에 무민 동화책이나 만화, 홈페이지의 캐릭터 소개 등을 보고 무민의 친구들에 대해 자세히 알아보고 가자.

📍 난탈리 관광 안내소에서 공원과 항구 사이에 있는 Nunnakatu를 따라 도보 약 10분
🏠 Kailo, 21100 Naantali
🕐 6/11~8/18 11:00-17:00(7월은 10:00-17:30)
€ 1일권 €41(온라인 구매 시 €39),
　 2일권 €50(온라인 구매 시 €45), 2세 미만 무료,
@ www.moominworld.fi

무민 우체국 Moomin Post Office

페이스 페인팅과 게임 등을 할 수 있는 프롬나드 Promenade를 지나 안쪽으로 들어가면 왼쪽으로 깜찍한 개나리 색 통나무집인 무민 우체국이 있다. 관광 안내소와 서점도 겸하고 있어 궁금한 점을 물어보거나 다양한 언어로 출판된 무민 동화책과 엽서를 구입할 수도 있다.

스노크메이든의 침실

무민 파파의 서재

무민 마마의 부엌

무민 하우스 Moominhouse

무민 월드에서 가장 인기 있는 장소는 섬의 중심에 자리 잡고 있는 무민 하우스이다. 동화 속에 나오는 푸른 색 탑처럼 생긴 무민 하우스의 내부에는 금방이라도 맛있는 요리를 만들어낼 것 같은 무민 마마의 부엌과 타자기가 있는 무민 파파의 서재, 무민의 여자 친구 스노크메이든의 아기자기한 침실과 옷 방, 호기심으로 가득한 무민의 방 등 무민 가족의 집이 실제로 살고 있는 것처럼 생생하게 재현되어 있다. 무민 하우스 주변에는 무민 캐릭터 인형들이 나와 아이들과 놀아주고 사진도 찍어주는데 가장 인기 있는 무민 트롤 인형과 사진을 찍으려면 아이들과 경쟁하며 줄을 서서 기다려야 한다. 무민 하우스 옆에는 무민 트롤의 작은 오두막도 있다.

헤물렌의 집 Hemulen's House

무민 하우스 맞은편에는 곤충과 식물 채집을 즐기는 식물학자, 헤물렌 아저씨의 집이 있다. 잔디 지붕으로 덮인 노란 집 내부에는 과학자의 집답게 지구본과 현미경, 나비 표본 등이 있으며 정원에는 야생 허브들이 자란다.

스니프의 상점 Sniff's Shop

무민 월드 내에 있는 Sniff's Shop에서는 인형, 스노볼, 머그컵, 모자, 커피, 가방, 엽서 등 다양한 무민 캐릭터 제품을 구입할 수 있다. 헬싱키의 K 슈퍼마켓이나 공항 면세점보다 가격이 비싸므로 다른 곳에는 판매하지 않는 한정 제품만 구입하는 것이 좋다.

레스토랑 & 카페 Restaurant & Café

무민 월드 내에는 주로 아이들이 좋아할 만한 메뉴의 레스토랑이 많다. 미트볼, 소시지, 샐러드 등의 뷔페식 식사를 제공하는 Mamma's Kitchen(성인 €16.2, 4~12세 €6.9, 1~3세 €3.9), 햄버거와 감자튀김을 판매하는 Burger, 피자와 파스타, 샐러드 바를 즐길 수 있는 Pizza & Pasta 등 다양한 메뉴 중 취향에 맞는 레스토랑을 골라보자. 와플, 도넛 등의 간단한 스낵을 파는 곳도 많으며 한낮의 더위를 식히기엔 Thingumy and Bob's Ice Cream Bar의 맛있는 아이스크림이 최고의 선택이다.

Restaurants, Café & Bar

스닉카리 Snickari | 스칸디나비아 요리 |

난탈리 항구 앞, 구시가지 입구의 19세기 목조 주택에 새로 생긴 인기 레스토랑이다. 현대적으로 재해석된 스칸디나비아 요리를 판매하는데 샐러드나 수프를 메인으로 주문할 수도 있으며 미트볼이나 송어 구이 등의 핀란드 전통 요리도 맛있다. 와인이나 맥주를 곁들여 간단하게 피자를 먹어도 된다. 바다를 바라보며 식사를 즐길 수 있는 시원한 테라스 석이 가장 인기이다.

- 📍 난탈리 항구 바로 앞
- 🏠 Mannerheiminkatu 2, 21100 Naantali ☎ 358 20 44 55 599
- 🕐 **레스토랑** 6월 초~8월 말 월~목요일 11:00-23:00, 금~토요일 11:00-24:00, 일요일 11:00-22:00
  카페 6월 초~8월 말 매일 09:00-20:00
- € 스타터 €12~18, 메인 요리 €18~34, 피자 €21

르 솔레이으 Le Soleil | 디너 뷔페 |

난탈리 스파 호텔의 메인 레스토랑으로 타이 요리의 느낌이 더해진 북유럽 요리를 전문으로 하는 곳이다. 호텔 투숙객이 주요 손님인데 여름철에는 서머 뷔페Summer Buffet라는 이름으로 훨씬 저렴한 가격에 푸짐한 디너 뷔페를 즐길 수 있어 인기가 있다.

- 📍 난탈리 스파 호텔 내
- 🏠 Matkailijantie 2, 21100 Naantali
- ☎ +358 2 445 5599
- 🕐 **디너 뷔페** 월~목요일 18:00-21:00, 금~토요일 18:00-22:00, 일요일 17:00-20:00
  서머 뷔페(6월 말~8월 중순) 매일 18:00-21:00
- € **디너 뷔페** 성인 €42~12세 €18,
  서머 뷔페 성인 €33~12세 €15

©Naantali Spa

Accommodation

Naantali Spa Hotel

★★★★

난탈리 구시가지에서 조금 떨어진 한적하고 아름다운 바닷가에 자리 잡고 있는 난탈리 스파 호텔은 250여 개의 객실이 있는 메인 빌딩과 40개의 스위트 레지던스가 있는 스파 레지던스로 이루어진 대형 럭셔리 호텔로 다양한 사우나와 월 풀, 레크리에이션 풀과 야외 온수 풀, 100가지에 이르는 보디 및 페이셜 트리트먼트 서비스까지 최고의 스파 시설을 자랑한다. 이 호텔에서 가장 유명한 객실은 메인 빌딩 3층에 있는 '무민 스토리룸'인데 침대 시트부터 벽면의 액자와 인테리어 소품, 욕실의 수건, 컵, 미니바의 음료까지 전부 무민 캐릭터 제품으로 꾸며져 있어 무민 팬이나 아이를 동반하는 가족 여행객들에게 최고의 인기를 누리고 있다. 투르쿠에서 시내버스 6번, 7번으로 올 경우에는 호텔 앞 Naantalin Kylpylä 정류장에 하차하면 되고 구시가지까지는 도보로 20분 정도 거리이므로 투르쿠 시내버스 6번, 7번을 이용하거나 6월 초~8월 중순 무민 월드로 가는 다리까지 운행되는 미니 트레인 (왕복 €7)을 이용해도 된다.

📍 Matkailijantie 2, 21100 Naantali
☎ +358 2 44 55 100
@ www.naantalispa.fi/en

탐페레
Tampere

탐페레는 나시야르비Näsijärvi와 피하야르비Pyhäjärvi라는 2개의 호수 사이에 끼여 있는 조용하고 아름다운 도시로 헬싱키, 에스포에 이어 핀란드에서 세 번째로 인구수가 많은 곳이다. 도시를 관통하며 흐르는 탐메르코스키 Tammerkoski 강은 과거에는 수력발전을 통해 탐페레가 공업 도시로 발전하는데 원동력이 되었으며 당시 공장으로 사용되던 강변의 붉은 벽돌 건물들이 지금은 재미있는 박물관과 레스토랑, 상점 등의 문화시설로 탈바꿈하여 관광객을 끌어모으는 데 큰 역할을 하고 있다. 후고 심베리의 인상적인 프레스코화로 장식된 탐페레 대성당과 핀란드 유일의 무민 박물관도 탐페레만의 독특한 관광 스폿이다.

탐페레 여행 정보 | www.visittampere.fi

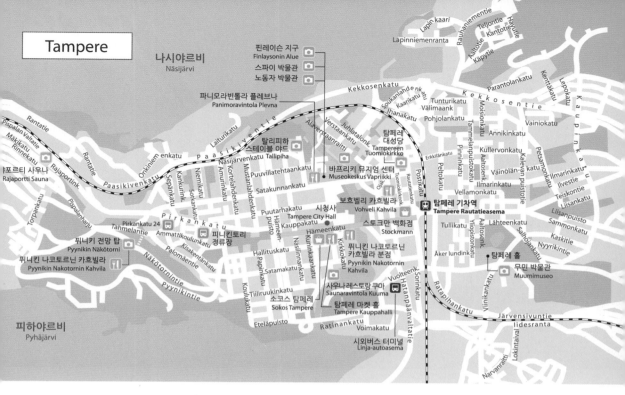

Tampere

나시야르비
Näsijärvi

핀레이슨 지구
Finlaysonin Alue

스파이 박물관

노동자 박물관

파니모라빈톨라 플레브나
Panimoravintola Plevna

Kekkosenkatu

Kekkosentie

Lapin kaari
Lapinniemenranta

Rauhaniementie

Teljontie

Kantotie

Kapytie

Aaltotie

Lapinniemenranta

Parantolankatu

Lepokatu

Kenttäkatu

Soukanlahdenkatu

Kaarikatu

Ihanakatu

Tunturikatu

Välimaank

Pohjolankatu

Vainiokatu

Moisionkatu

Tammelanpuistokatu

Annikinkatu

Kullervonkatu

Pinninkatu

Aaltosenk

Väinölän katu

Kalevan puistotie

Petsamonkatu

Ilmarinkatu

Ilmarinkatu

Teiskontie

Rantatie

Pispalan Valtatie

Mäkikatu

Rinnekatu

Torni sauna
Rajaportti Sauna

Rantatie

Rajaportink

Paasikiventie

Onkiniem enkatu

Laiturikatu

Verstaankatu

Juhlatalonk

Alaverstaanraitti

탐페레 대성당
Tampereen Tuomiokirkko

Erkkilänkatu

Postikatu

Peltokatu

Vellamonkatu

탐페레 기차역
Tampere Rautatieasema

Ilvestie

Liisankatu

Lähteenkatu

Sammonkatu

Kaskitie

Nyyrikintie

Liisanpuisto

탈리피하 스테이블 야드
Tallipiha

바프리키 뮤지엄 센터
Museokeskus Vapriikki

Näsijärvenkatu Talliplha

Puuvillatehtaankatu

Satakunnankatu

Kortelahdenkatu

Mustanlahdenkatu

Amurinkatu

보호벨리 카흐빌라
Vohveli Kahvila

스토크만 백화점
Stockmann

Tuomiokatu

Rautatienkatu

Pispalanharju

Paasikiventie

Torpankatu

Sepänkatu

Niemikatu

Kankurink

Sotkankatu

Pirkankatu
Pirkankatu 24

Tahmelantie

Ammattikoulunkatu

피니킨토리 정류장

Kisakentänkatu

Palomäentie

Puutarhakatu

Hämeen puisto

시청사
Tampere City Hall
Kauppakatu

Hämeenkatu

Kuninkaankatu

Kirkkokatu

퓌니킨 나코토르닌 카흐빌라 분점
Pyynikin Nakotornin Kahvila

Yliopistonkatu

Tullikatu

Åker lundink

Viinikankatu

탐페레 홀

무민 박물관
Muumimuseo

퓌니키 전망 탑
Pyynikin Näkötorni

퓌니킨 나코토르닌 카흐빌라
Pyynikin Nakotornin Kahvila

Näkötorninne

Pyynikintie

Koulukatu

Tiiliruukinkatu

Hallituskatu

Papinkatu

Satamakatu

사우나레스토랑 쿠마
Saunaravintola Kuuma

소코스 탐페레
Sokos Tampere

탐페레 마켓 홀
Tampere Kauppahalli

Vuolteenk

Sonnikatu

Hatanpäänvaltatie

Ratapihankatu

Järvensivuntie
Iidesranta

피하야르비
Pyhäjärvi

Eteläpuisto

Ratinankatu

Voimakatu

시외버스 터미널
Linja-autoasema

Lokintie

Lokintaival

Narvarraitti

찾아가기

시내 교통

기차

헬싱키에서 탐페레까지는 인터시티, 특급열차인 펜돌리노Pendolino, 통근 열차 등의 직행열차로 약 1시간 30분~2시간 5분이 소요된다. 탐페레에서 로바니에미까지는 주간열차(7~8시간 소요)도 있으나 야간열차로 이동하는 경우가 많으며 약 8시간 30분 정도 소요되므로 침대칸을 이용하는 것이 좋다. 자세한 기차 노선 및 운행 시간표는 핀란드 철도청 홈페이지(www.vr.fi/cs/vr/en/frontpage) 참고. 탐페레 기차역에서 관광 안내소까지는 도보로 10분 정도 소요된다.

버스

베이뇌 파우누Väinö Paunu Oy(www.paunu.fi/in-english)와 온니버스OnniBus(www.onnibus.com) 등의 버스 회사에서 헬싱키와 탐페레 사이에 장거리 버스를 운행하며 이동 시간은 약 2시간 10분~2시간 35분이 소요된다. 탐페레의 장거리 버스 터미널은 기차역에서 남쪽으로 도보 10분 정도 거리에 있다. 자세한 버스 노선 및 운행 시간표는 마트카후올토 Matkahuolto(www.matkahuolto.fi/en) 또는 각 회사의 홈페이지 참고

탐페레의 관광지들은 대부분 도보로 이동할 수 있어 시내버스를 이용해야 할 경우는 많지 않다. 탐페레와 주변 지역은 A, B, C Zone으로 나뉘어 있는데 시내는 모두 A~B Zone에 속하므로 2개의 Zone에서 사용 가능한 티켓을 구입하면 된다. 티켓은 Nysse 애플리케이션이나 티켓 판매소 등에서 구입할 수 있으며 현금을 내고 타는 것은 불가능하다. 운행 시간표 및 노선, 티켓 가격 등 탐페레 시내버스에 대한 좀 더 자세한 정보는 joukkoliikenne.tampere.fi/en 참고.

€ 1회권 €2.21~2.7(사용 수단에 따라 상이), 24시간 데이 티켓 €7

탐페레 대성당

Tampereen Tuomiokirkko

탐페레 대성당은 1902~1907년 건축가 라르스 손크Lars Sonck가 설계한 붉은 지붕의 견고한 화강암 건물로, 핀란드 국가적 낭만주의 양식의 대표 건축물이다. 내부로 들어가면 정면에 보이는 마그누스 엔켈Magnus Enckell의 대형 제단화와 성당 내부를 가득 채운 후고 심베리Hugo Simberg의 프레스코화가 눈길을 사로잡는다. 후고 심베리는 다른 성당들에서는 볼 수 없는 자신만의 독특한 상징으로 성당 내부를 장식했는데, 그중에서도 신도석 벽면에 그린 프레스코화 ❶ 〈The Garland Bearers〉와 돔 천장 가장 높은 지점에 그려 넣은 ❷ 〈파라다이스의 뱀〉이 가장 인상적이다. 심베리가 가장 사랑하는 두 작품, 〈The Garden of Death〉(1층 제단 옆)와 〈The Wounded Angel〉(2층)도 벽면에 그려져 있어 좀 더 자세히 감상할 수 있다. 후고 심베리의 팬이라면 꼭 들러보자.

📍 탐페레 기차역에서 나와 오른쪽 방향으로 Rautatienkatu를 따라 도보 5분

🏠 Tuomiokirkonkatu, 33100 Tampere

🕐 5/1~8/31 매일 10:00-17:00, 9/1~4/30 11:00-15:00

€ 무료

바프리키 뮤지엄 센터 Museokeskus Vapriikki

탐메르코스키 강변에 있는 탐펠라Tampella 사의 오래된 공장을 개조하여 만든 시설로 탐페레 자연사 박물관, 핀란드 하키 명예의 전당, 인형 박물관, 우편 박물관 등 다양하고 흥미로운 여러 박물관과 전시장이 모여 있는 곳이다. '클래시 오브 클랜', '앵그리 버드' 등 유명한 시대별 핀란드 게임을 즐겨볼 수 있는 게임 박물관도 2017년 1월 새롭게 문을 열어 아이들과 함께 방문하기에도 좋다. 하나의 티켓으로 모든 박물관과 특별 전시를 관람할 수 있다.

📍 탐페레 대성당에서 탐메르코스키 강 방향으로 도보 10분

🏠 Alaverstaanraitti 5, 33100 Tampere

🕐 화~일요일 10:00-18:00, 월요일 휴관, 일부 공휴일 휴관 (홈페이지 참조)

€ 성인 €15, 7~17세 €7, 7세 미만 무료, 금요일 15:00~18:00 무료 입장

@ www.vapriikki.fi/en

핀레이슨 지구 Finlaysonin Alue

바프리키 뮤지엄 센터에서 다리를 건너면 산업 단지를 개조한 또 하나의 복합 문화 공간인 핀레이슨 지구를 만날 수 있다. 1920년대까지 북유럽에서 가장 큰 산업 단지였던 핀레이슨 지구는 내부에 ❶ 스파이 박물관(www.vakoilumuseo.fi), 노동자 박물관(www.werstas.fi) 등의 독특한 박물관과 레스토랑, 카페, 상점, 극장 등이 있는 문화 공간으로 탈바꿈했으며 연중 다양한 문화 이벤트도 이곳에서 개최된다. 주변에 ❷ 핀레이슨 교회와 마구간과 마부들의 숙소를 수공업자들의 작업실과 숍, 카페로 개조한 ❸ 탈리피하 스테이블 야드(www.tallipiha.fi)도 있으니 한꺼번에 돌아보자.

📍 바프리키 뮤지엄 센터에서 다리를 건너 도보 7분

🏠 Finlaysoninkatu, 33210 Tampere

@ www.finlaysoninalue.fi/en

© Visit Tampere/ Photographer Laura Vanzo

무민 박물관 Muumimuseo

탐페레 시립 미술관에 있던 무민 밸리가 2017년 6월부터 스칸디나비아에서 가장 큰 컨벤션 센터인 탐페레 홀로 옮겨 세계에서 유일한 무민 박물관으로 문을 열었다. 약 1000㎡의 넓은 전시 공간에 토베 얀손Tove Jansson이 탐페레 시에 직접 기증한 삽화들과 동화책 속 유명 장면을 세밀하게 재현한 41개의 미니어처, 무민 캐릭터 피규어 등 다양한 무민 관련 아이템을 전시하고 있다. 그중 가장 유명한 전시품은 토베 얀손이 투리키 피에틸라Tuulikki Pietilä, 펜티 에이스톨라Pentti Eistola와 3년에 걸쳐 만든 ❶ 높이 2m가 넘는 5층의 무민 하우스이다. 신기한 그림자 놀이를 즐길 수 있는 ❷ 무민 파파의 대형 마술 모자와 ❸ 사람 키보다도 큰 대형 동화책도 아이들에게 인기가 있다. ❹ 세계 각국의 언어로 출판된 무민 책들을 모아놓은 리딩룸에서는 한국어로 된 무민 동화책도 찾아 읽어볼 수 있으며 무민 관련 아이템을 판매하는 ❺ 기념품 숍이 있어 쇼핑도 한꺼번에 즐길 수 있다.

- 탐페레 기차역 뒤편 Itsenäisyydenkatu와 Yliopistonkatu를 따라 도보 10분
- Yliopistonkatu 55, 33100 Tampere
- 화~수요일 & 금요일 09:00-17:00, 목요일 09:00-19:00, 토~일요일 10:00-17:00, 월요일 휴관, 일부 공휴일 휴관 (홈페이지 참조)
- 성인 €14.5, 7~17세 €7, 7세 미만 무료
- muumimuseo.fi/en

퓌니키 전망 탑 Pyynikin Näkötorni

탐페레 시내 중심에서 약간 벗어난 해발 150m 높이의 퓌니키 언덕 위에 있는 전망 탑으로 26m 높이의 전망대에 오르면 2개의 호수와 탐페레 시 전체가 내려다보이는 탁 트인 전경을 감상할 수 있다. 1888년 맨 처음 나무로 지어졌던 탑은 1918년 폭격으로 훼손되었으며 현재의 탑은 탐페레 시의 150주년을 기념하여 붉은 화강암으로 새로 지어진 것이다. 엘리베이터 또는 계단으로 올라갈 수 있으며 핀란드식 도넛인 뭉키Munkki와 커피를 즐길 수 있는 1층 카페도 유명하다.

- 시청사 앞 버스 정류장에서 7번, 8번, 70번 버스를 타고 Pirkankatu 24 정류장 하차 후 도보 8~9분
- Näkötornintie 20, 33230 Tampere
- 09:00-20:00(여름철은 21:00까지), 하지 및 크리스마스 이브 09:00-15:00
- 성인 €2, 4~15세 €1, 4세 미만 무료
- www.munkkikahvila.net

Restaurants, Café & Bar

퓌니킨 나코토르닌 카흐빌라

Pyynikin Nakotornin Kahvila │ 뭉키 & 커피 │

퓌니키 전망 탑 1층에 있는 카페로 시크릿 레시피로 직접 구워낸 핀란드식 도넛 뭉키가 맛있기로 유명한 곳이다. 낮 시간에는 붐비는 편이라 한가한 오후 시간에 방문하는 것이 좋다. 만약 퓌니키 전망 탑까지 갈 시간이 없다면 시내의 중앙 광장Keskustori 근처 쇼핑센터 내에 있는 지점을 방문해도 된다.

📍 퓌니키 전망 탑 1층

🏠 Näkötornintie 20, 33230 Tampere(퓌니키 전망 탑) /

☎ +358 3 212 3247

🕐 09:00-20:00(여름철은 21:00까지), 하지 및 크리스마스 이브 09:00-15:00

€ 뭉키 €2~3.9, 커피 €1.5~3

보흐벨리 카흐빌라 **Vohveli Kahvila** │ 와플 카페 │

탐페레 대성당 근처에 있는 아담한 카페로 다양한 와플을 커피 또는 차와 함께 즐길 수 있다. 1992년부터 25년 동안 고유의 레시피로 만드는 맛있는 와플은 잼과 생크림을 얹은 가장 기본적인 와플부터 메이플 시럽, 아이스크림, 시나몬 애플, 초콜릿 등 취향에 따라 골라 먹을 수 있다.

📍 탐페레 대성당에서 도보 5분 / 탐페레역에서 도보 7분

🏠 Ojakatu 2, 33100 Tampere

☎ +358 3 214 4225

🕐 월~금요일 10:00-20:00, 토요일 10:00-19:00, 일요일 11:00-19:00

€ 와플 €6~9, 커피 €3~5

파니모라빈톨라 플레브나

Panimoravintola Plevna | 수제 맥주 & 독일 요리

핀레이슨 지구의 예전 면직 공장 건물 내에 1994
년 문을 연 맥주 펍으로 내부가 상당히 넓어 독일의
대형 비어 홀을 연상시킨다. 직접 양조한 수제 맥주
와 세계의 유명 맥주를 판매하는데 가벼운 라거 맥
주부터 흑맥주, 밀맥주까지 다양한 종류의 핀란드
수제 맥주들이 유명하다. 바로 옆에 극장이 있어 주
말 저녁에는 예약을 하지 않으면 자리가 없을 정도
로 인기가 있다.

📍 핀레이슨 지구 남쪽 입구, Plevna 극장 옆

🏠 Itäinenkatu 8, 33210 Tampere

☎ +358 3 2601 200

🕐 월요일 11:00-23:00, 화~목요일 11:00-
24:00, 금~토요일 11:00-02:00, 일요일
12:00-23:00

€ 맥주 €4.6~, 안주용 스낵 €8~16.5, 소시지 요
리 €13.9~25.9

탐페레 마켓홀

Tampereen Kauppahalli

시청사 맞은 편에 있는 마켓홀은 제과점, 양조장,
치즈, 잡화점, 꽃가게 등의 약 30곳의 숍과 음식점
이 들어선 북유럽에서 규모가 가장 큰 실내 시장이
다. 탐페레에서도 손꼽는 톱 레스토랑에서 점심식
사를 하거나 우리나라 순대와 닮은 탐페레의 명물,
검은 소시지 무스타마카라Mustamakkra를 맛보자.

📍 탐페레 기차역에서 도보 12분

🏠 Hämeenkatu 19/Hallituskatu 10, 33200
Tampere

🕐 월~토요일 08:00-18:00, 토요일 08:00-
16:00, 일요일 휴무 (영업 시간을 상점마다 다
름)

탐페레 사우나

Tampere Sauna

아담한 도시에 무려 30개가 넘는 공용 사우나 시설이 있는 탐페레는 어디에서나 손쉽게 핀란드식 사우나를 체험해볼 수 있다. '사우나의 수도'라는 별명을 가진 탐페레에서 꼭 한번 방문하면 좋은 사우나를 추천한다.

사우나 레스토랑 쿠마 Saunaravintola Kuuma

탐페레 라우콘토리 마켓 스퀘어에 문을 연 쿠마는 핀란드 전통 방식의 스모크 사우나와 호수 수영을 체험하고 스타 셰프가 선보이는 핀란드 요리까지 맛볼 수 있는 복합 휴식 공간이다. 카페 겸 레스토랑과 야외 테라스, 2개의 사우나, 수영장으로 구성되어 있으며 호수를 면하고 있어 뛰어난 전망을 자랑한다.

- 📍 시청사 또는 시내 중앙 광장Keskustori에서 도보로 8분
- 🏠 Laukontori 21, 33100 Tampere
- 🕐 **사우나** 월요일 11:00-22:00, 화~금요일 06:30-10:00 & 12:00-22:00, 토요일 12:00-23:00, 일요일 12:00-21:00,
  레스토랑 월~목요일 11:00-23:00, 금요일 11:00-24:00, 토요일 12:00-24:00, 일요일 12:00-21:00
- € 화~금요일 €12, (17:00-23:00 €15), 토~일요일 €17, 일~월요일 €12, 수건 대여 €3
- @ www.saunaravintolakuuma.fi/en

© Ari Johansson

라야포르티 사우나 Rajaportti Sauna

1906년부터 운영된 핀란드에서 가장 오래된 역사를 가지고 있는 공중 사우나. 곳곳에 세월의 흔적이 남아있어 마치 시간여행을 온 듯한 느낌을 준다. 부지 내에는 카페도 있어 사우나 후에 들르면 좋다.

- 📍 시청사 앞 버스 정류장Keskustori에서 8번, 11번, 17번, 20번, 26번, 70번, 81번 버스를 타고 Rajaportti 정류장 하차 후 도보로 3분
- 🏠 Pispalan valtatie 9, 33250 Tamper
- 🕐 월요일, 수요일 16:00-22:00, 금~토요일 14:00-22:00, 화요일, 일요일 휴무
- € 월요일, 수요일 €8, 금요일, 토요일 €12, 6~15세 €4, 6세 미만 무료
- @ www.rajaportinsauna.fi

산타클로스와 오로라를 만나는 곳

LAPLAND

라플란드

핀란드 북부의 라플란드(핀란드어로는 라피Lappi)는 핀란드에서 헬싱키 다음으로 관광객들이 많이 찾는 지역이다. 오로라와 눈썰매, 산타클로스 빌리지 등 동화 속 겨울 왕국 같은 라플란드의 매력을 제대로 느끼고 싶다면 좀 춥기는 해도 겨울철에 방문하는 것이 정답이다. 여름철에는 24시간 태양이 지지 않는 하얀 밤이 이어지는데 라플란드의 청정한 자연 속에서 하이킹을 즐기고 싶다면 이때가 가장 최적기이다.

라플란드 여행 정보 | www.visitfinland.com/en/places-to-go/lapland/

AURORA

라플란드 오로라 여행

오로라는 북극권 국가들에서만 나타나는 가장 스펙터클하고 신비로운 현상이다. 연중 약 200일(9~3월) 동안 오로라를 볼 수 있고 도시의 불빛이 드문 라플란드는 오로라를 관찰할 수 있는 최고의 장소인데, 최근에는 따뜻한 실내에서 오로라를 볼 수 있도록 천장이 유리로 된 숙소도 많아 생겨서 좀 더 편하게 오로라를 기다릴 수 있게 되었다. 핀란드 기상청 사이트(en.ilmatieteenlaitos.fi/auroras-and-space-weather)나 핀란드 기상 협회에서 운영하는 Auroras Now!(aurorasnow.fmi.fi/public_service/)에서는 오로라를 만날 확률을 미리 확인해볼 수 있다.

©Arctic SnowHotel & Glass Igloos

오로라 관찰 가이드

❶ 오로라가 가장 많이 나타나는 시간은 오후 9시부터 새벽 1시이다. 북쪽 하늘에 작은 띠로 시작되는 오로라는 오로라 지수가 높은 날에는 전체 하늘에 퍼지며 아름답게 춤을 춘다. 미리 오로라 지수를 확인한 후 불빛이 없는 장소에서 오로라를 기다리자.

❷ 라플란드의 겨울밤은 기온이 영하 20~30℃까지 내려가는 경우가 다반사이다. 스키복으로 온몸을 꽁꽁 감싸고 털모자, 페이스 마스크, 목도리, 장갑, 스노 부츠, 핫팩 등 방한 용품을 철저히 준비하자.

❸ 좀 더 다이내믹하고 특별한 오로라 체험을 원한다면 스노 슈잉, 순록 썰매, 스노모빌 등 여러 가지 액티비티와 결합된 오로라 투어에 참가해보자.

❹ 오로라 사진을 좀 더 잘 찍고 싶다면 DSLR 카메라와 삼각대를 준비하자. 셔터를 누를 때 카메라가 흔들릴 수 있으므로 가능하다면 릴리즈도 있으면 좋다. 릴리즈가 없다면 타이머를 이용해도 된다.

❺ DSLR 카메라로 오로라를 촬영할 때는 우선 수동 모드로 바꾼 후 달이 얼마나 밝은 지에 따라 조리개는 F2.8~4, ISO는 800~3200, 셔터 스피드는 10~30초 정도로 맞추어 수평을 잘 맞춘 삼각대 위에 고정한다. 추운 날씨에는 배터리가 쉽게 방전되므로 여분의 배터리를 넉넉히 준비하는 것도 잊지 말자.

오로라 관찰 in 유리 이글루

추운 곳에서 오로라를 기다릴 자신이 없다면 천장이 유리로 되어 있어 따뜻한 실내에서 오로라를 기다릴 수 있는 숙소에 묵으면 된다. 만약 오로라를 보지 못한다 하더라도 밤하늘에 가득한 별과 환상적인 스노 쇼로 아쉬움을 달랠 수 있다. 최근에는 라플란드 곳곳에 이글루형 숙소가 아닌 다양한 형태의 숙소가 많이 생겨 선택의 폭이 훨씬 넓어졌다.

1 Arctic TreeHouse Hotel
로바니에미 ★★★★

산타 파크에서 운영하는 독특한 테마 호텔로 32개의 독채형 객실은 한 면 전체가 통유리로 되어 있어 오로라와 아름다운 라플란드의 숲을 감상하기에 더없이 좋다.

2 Arctic SnowHotel & Glass Igloos
로바니에미 ★★★★

로바니에미에서 북서쪽으로 약 20㎞ 떨어진 시네타Sinettä의 한적한 호숫가에 자리 잡은 이 호텔의 글라스 이글루 객실은 유리 지붕까지 전기로 난방이 되어 눈이 쌓이지 않고 녹는다.

3 Kakslauttanen Arctic Resort
사리셀카 ★★★★

유리 이글루의 원조라고도 할 수 있는 사리셀카의 칵스라우타넨 악틱 리조트에는 천장이 유리로 되어 있는 글라스 이글루 외에도 아늑한 통나무 캐빈과 글라스 이글루가 결합된 켈로 글라스 이글루라는 객실도 있다.

4 Northern Lights Village
사리셀카 ★★★★

사리셀카 시내 근처에 있는 독특한 스타일의 숙박 시설로 지붕의 반이 유리로 되어 있는 독채 통나무집 형태의 객실을 갖고 있다. 다양한 오로라 헌팅 프로그램과 허스키 사파리, 스노모빌 등의 액티비티도 즐길 수 있다.

5 Golden Crown Levin Iglut 레비 ★★★★

레비 시내 반대편 슬로프 해발 340m에 위치한 독특한 콘셉트의 호텔로, 이 호텔의 유리 이글루는 침대와 샤워 시설은 물론 완벽한 주방 시설까지 갖추어져 있어 전혀 불편함이 없이 숙박할 수 있다. 천장이 유리로 되어 있는 호텔의 전망 레스토랑도 인기가 있다.

❶

❸ ©Valtteri Hirvonen / Kakslauttanen Arctic Resort

©VisitRovaniemi ©Arctic SnowHotel & Glass Igloos

©Arctic SnowHotel & Glass Igloos

©Valtteri Hirvonen / Kakslauttanen Arctic Resort

오로라 투어 Northern Lights Tour

오로라 투어는 북극권 국가들에서 겨울철에만 즐길 수 있는 가장 환상적인 액티비티이다. 라플란드는 불빛이 적은 편이라 시내에서도 오로라를 볼 확률이 높기로 유명하지만 좀 더 특별한 체험을 원한다면 시내의 투어 회사들이 제공하는 오로라 투어에 참가해보자. 미니버스로 오로라가 가장 잘 보이는 장소로 이동하여 오로라를 보는 것이 가장 기본적인 투어이며 순록 썰매, 스노모빌, 스노슈잉 등 액티비티와 결합된 오로라 투어도 인기가 있다. 라플란드의 오로라 투어들은 대부분 4월 중순까지 진행된다.

©Valtteri Hirvonen / Kakslauttanen Arctic Resort

1
투어 전 사무실에 들러 방한복 빌려 입기

2
순록 썰매 사파리와 결합된 오로라 투어

©Valtteri Hirvonen / Kakslauttanen Arctic Resort

3
시내는 스노모빌 사파리와 결합된 오로라 투어

4
오로라를 기다리는 동안 몸을 녹여주는

5
칠흑 같은 라플란드의 숲속을 밝히는 아름다운 오로라

LAPLAND WINTER ACTIVITY
라플란드 윈터 액티비티

겨울철에 라플란드를 찾는 수많은 관광객들은 밤에는 오로라 관찰을 하고 낮에는 하얀 설원 위에서 윈터 액티비티를 즐긴다. 3대 인기 액티비티로는 허스키 사파리, 순록 사파리, 스노모빌 사파리가 있으며 이외에도 얼음 낚시, 스노슈잉, 트레킹 등의 액티비티가 있다. 이런 액티비티들은 시내에 있는 여행사나 호텔에서 쉽게 예약할 수 있다. 전신 방한복과 신발, 모자 등이 가격에 포함되어 있다.

©Valtteri Hirvonen / Kakslauttanen Arctic Resort

1 허스키 사파리

귀여운 시베리아허스키들이 끄는 썰매를 타고 하얀 설원 위를 달리는 신나는 액티비티이다. 4~6마리의 시베리아허스키들이 한 대의 썰매를 끄는데, 2명이 짝을 이루어 한 명은 앞쪽에 앉고 다른 한 명은 뒤에 서서 조종을 한다. 생각보다 빨리 달리기 때문에 스릴을 즐기기에 충분하며 투어 중간이나 끝난 후에 전통 통나무집에서 따뜻한 베리 차나 수프로 몸을 녹인다. 가장 기본적인 사파리가 2~3시간이 소요되는데 타는 곳까지 이동하는 시간도 포함되기 때문에 실제로 썰매를 타는 시간은 30분~1시간 정도이다. 가격은 성인 €218~, 4~14세 €164~.

썰매 강습

따뜻한 수프

소시지 구이

2 순록 사파리

산타클로스의 친구인 순록이 끄는 썰매를 타고 아름다운 라플란드의 숲속을 누비는 액티비티이다. 허스키 썰매보다는 천천히 달리기 때문에 주변 숲의 풍경을 느긋하게 감상할 수 있다는 장점이 있지만 스피드를 즐기는 사람이라면 심심하게 느껴질 수도 있다. 2~3시간 정도 소요되며 따뜻한 베리차와 스낵이 포함되어 있다. 가격은 성인 €140~, 4~14세 €105~.

베리 차

©Visit Finland

시나몬롤

3 스노모빌 사파리

3가지 인기 사파리 중 가장 짜릿한 액티비티이다. 일반적으로 2명이 짝을 이루어 타는데 앞에 앉은 사람이 조종을 하며 중간에 서로 위치를 바꿔 타면서 휴식을 취한다(추가 요금을 내면 혼자 탈 수도 있다). 2~3시간 정도 소요되며 오로라 헌팅 등 다른 액티비티와 결합된 상품도 있다. 가격은 성인 €109~, 4~14세 €82~.

라플란드 사파리 Lapland Safaris

라플란드 최대의 여행사로 다양한 액티비티 투어 상품을 판매한다. 로바니에미, 사리셀카, 레비 등 라플란드 주요 도시에 모두 지점을 운영하고 있다. 다른 여행사에 비해 가격은 조금 더 비싼 편이지만 체계적인 서비스와 다양한 상품, 최신 장비로 고객 만족도가 높다.

@ www.laplandsafaris.com/en

©Kakslauttanen Arctic Resort, Lapland, Finland

©VisitRovaniemi

로바니에미 ——————————————— **Lapland**

Rovaniemi

핀란드 북부 라플란드 지역의 주도인 로바니에미는 산타클로스의 공식적인 고향으로 유명한 곳이다. 산타클로스가 살고 있는 곳은 로바니에미 마을 북쪽의 북극권 내에 있는 산타클로스 마을인데, 이곳에 가면 누구나 동심의 세계로 빠져들게 된다. 물론 산타클로스를 만난 사진을 비싼 돈을 주고 구입해야 하는 등 상업화된 부분이 아름다운 환상을 깨지만 하얀 수염이 배까지 내려온 푸근한 산타 할아버지를 만나고 나면 최면에 걸린 듯 어느새 마음이 들떠 있는 자신을 발견하게 된다. 겨울철에는 허스키 썰매나 순록 썰매 등의 신나는 액티비티도 즐길 수 있다. 로바니에미 시내는 제2차 세계대전 때 완전히 파괴되었다가 후에 알바 알토의 도시 계획하에 재건되어 마을 곳곳에 알토가 설계한 아름다운 건물들이 남아 있다.

로바니에미 여행 정보 | www.visitrovaniemi.fi

관광 안내소
Rovaniemi Tourist Information

📍 로바니에미 소코스 백화점 건너편에 위치

🏠 Koskikatu 12, 96200 Rovaniemi

🕐 월~금요일 09:00-12:00, 13:00-16:00, 토~일요일 휴무

©VisitRovaniemi

찾아가기

로바니에미 공항

로바니에미 기차역

항공

로바니에미 시내 중심에서 약 10㎞ 떨어진 곳에 위치한 로바니에미 공항은 핀란드 북부 지역인 라플란드의 대표적인 공항이다. 북유럽 공항들 중에 아시아 승객이 가장 많이 방문하는 공항으로도 꼽히는데 특히 겨울철에는 산타클로스를 만나러 세계에서 몰려드는 관광객들로 핀란드에서 가장 붐비는 공항이 된다. 연중 핀에어와 노르웨이 에어셔틀이 헬싱키와 로바니에미 사이를 운항하며 우리나라에서는 핀에어를 이용하면 헬싱키에서 환승하여 로바니에미까지 바로 이동할 수 있다. 겨울철에는 런던 스탠스테드 공항, 밀라노 베르가모 공항 등에서도 직항 노선이 생긴다. 로바니에미 공항에 대한 좀 더 자세한 정보는 www.finavia.fi/en/rovaniemi 참고.

공항에서 시내로

1 | **공항 셔틀버스** 로바니에미 공항에서 시내까지 공항 셔틀버스가 운행되는데 시내의 버스 터미널과 주요 호텔에 모두 정차한다. 공항에서 시내까지는 약 15~20분이 소요되며 공항에서는 핀에어와 노르웨이 에어셔틀의 도착 시간에 맞춰, 시내에서 공항으로 이동할 때는 종점인 버스 터미널에서 비행기 출발 1시간 10분 전에 출발한다. 시내에서 공항으로 갈 때는 웹사이트에서 미리 예약을 하는 것이 좋다. 티켓 가격은 시내의 호텔까지는 €7, 시내의 다른 장소까지는 €10이다. 좀 더 자세한 정보는 airportbus.fi 참고.

공항 셔틀버스

2 | **지역 버스** 지역 버스 8번이 공항에서부터 시내의 Ruokasenkatu에 있는 버스 정류장과 기차역까지 운행된다. 공항에서 시내까지 약 30분이 소요되며 티켓 가격은 성인 편도 €3.6, 16세까지는 €1.8이다. 시즌별로 운행 시간이 달라지므로 미리 linkkari.fi/In-English에서 확인하고 가자.

기차

헬싱키, 투르쿠, 탐페레 등의 남부 도시들에서 로바니에미까지는 낮 시간에 이동하면 7~8시간 정도 소요되므로 야간열차로 이동하는 경우가 많다. 특히 우리나라 여행객들은 헬싱키에서 로바니에미까지 야간열차를 이용하는 경우가 많은데, 11~12시간 정도가 소요되므로 침대칸을 이용하는 것이 좋다. 자세한 기차 노선 및 운행 시간표는 핀란드 철도청 홈페이지(www.vr.fi/en) 참고. 로바니에미 기차역에서 시내 중심까지는 도보로 20분 정도 소요되므로 짐이 있다면 6번 또는 8번 버스, 택시 등을 타고 이동하는 것이 낫다.

버스

로바니에미에서 케미, 사리셀카, 레비 등 라플란드의 다른 도시들로 이동할 때는 장거리 버스를 이용하는 것이 편하다. 로바니에미의 장거리 버스 터미널에서 시내의 번화가까지는 도보 15분 정도가 소요되며 6번 또는 8번 버스를 타고 이동해도 된다. 자세한 장거리 버스 노선 및 운행 시간표는 마트카후올토 홈페이지(www.matkahuolto.fi/en) 참고.

시내 교통

로바니에미의 시내 중심은 관광 안내소가 있는 로디 광장으로 대부분의 숙소와 레스토랑, 상점들이 이 주변에 몰려 있고 로바니에미 시내에 있는 주요 박물관인 악티쿰도 도보로 이동할 수 있다. 로바니에미에서 산타 마을에 갈 때는 지역 버스 8번이나 산타클로스 버스(성인 편도 €4, 왕복 €7)를 타고 이동하면 된다. 자세한 운행 시간표는 linkkari.fi/In-English 및 www.santaclausbus.fi/en 참고.

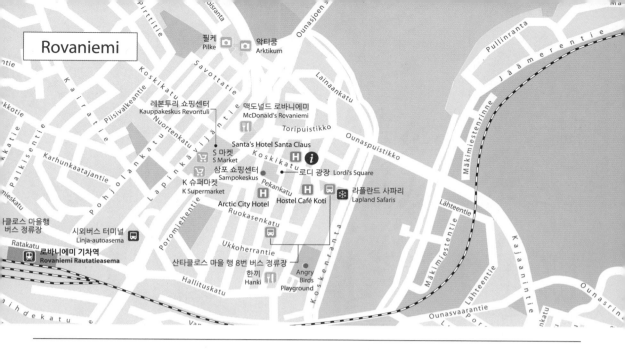

Rovaniemi

필케 Pilke · 악티쿰 Arktikum · 레본투리 쇼핑센터 Kauppakeskus Revontuli · 맥도널드 로바니에미 McDonald's Rovaniemi · Toripuistikko · S 마켓 S Market · Santa's Hotel Santa Claus · 삼포 쇼핑센터 Sampokeskus · 로디 광장 Lordi's Square · K 슈퍼마켓 K Supermarket · 라플란드 사파리 Lapland Safaris · Arctic City Hotel · Hostel Café Koti · 클로스 마을행 버스 정류장 · 시외버스 터미널 Linja-autoasema · 로바니에미 기차역 Rovaniemi Rautatieasema · 산타클로스 마을 행 8번 버스 정류장 · 한끼 Hanki · Angry Birds Playground

Travel Highlight

©VisitRovaniemi ©VisitRovaniemi

악티쿰 Arktikum

로바니에미 도심 북쪽에 위치한 악티쿰은 북극권 국가인 핀란드의 자연과 역사, 문화를 모두 경험할 수 있는 박물관 겸 과학 센터이다. 라플란드 대학교의 북극 센터와 라플란드 지역 박물관이 한 건물 내에 있는데 유리로 된 긴 터널과도 같은 인상적인 중앙 통로를 가운데 두고 양쪽으로 전시실이 자리 잡고 있다. 북극 센터에서는 극한의 날씨와 혹독한 자연환경 속에서 적응해 살아가는 북극권 사람들의 생활방식과 식물들, 순록과 북극곰 등 북극권의 자연 생태계를 여러 가지 시청각 자료를 통하여 생생하게 관람할 수 있다. 특히 누워서 천장에 펼쳐지는 오로라 쇼를 감상할 수 있는 오로라 극장은 어른에게나 아이에게나 인기 만점이다. 라플란드 지역 박물관에서는 사미족의 문화와 라플란드의 역사에 대한 자료를 전시하고 있다.

📍 관광 안내소가 있는 로디 광장에서 북쪽으로 도보 10분

🏠 Pohjoisranta 4, 96200 Rovaniemi

🕐 1/1~11/30 화~일요일 10:00-18:00, 월요일 휴관, 12/1~12/31 매일 10:00-18:00, 12/24 휴관

€ 성인 €18, 학생 €11, 7~15세 어린이 €5, 7세 미만 무료 / **악티쿰+필케 통합 입장권** 성인 €25, 학생 €20, 7~15세 어린이 €10

@ www.arktikum.fi

필케 Pilke

악티쿰 바로 옆에 위치한 필케는 숲을 주제로 한 과학 센터이다. 트랙터를 직접 타보거나 나무로 만든 장난감을 가지고 재미있게 놀면서 여러 가지 지식을 배울 수 있는 곳이다. 자연스럽게 환경보호에 대한 관심도 생길 수 있어 아이들과 함께 방문하면 좋다. 통합 입장권을 구입하면 악티쿰과 함께 둘러볼 수 있다.

📍 악티쿰 바로 옆 건물

🏠 Ounasjoentie 6, 96200 Rovaniemi

🕐 1/1~7/1, 12/1~12/31 월요일 09:00-16:00, 화~금요일 09:00-18:00, 토~일요일 10:00-16:00, 8/1~11/30 화~금요일 09:00-18:00, 토~일요일 10:00-16:00, 월요일 휴관

€ 성인 €7, 학생과 7~15세 어린이 €5, 7세 미만 무료

@ www.tiedekeskus-pilke.fi/en

©VisitRovaniemi

산타클로스 마을 Joulupukin Pajakylä(Santa Claus Village)

로바니에미에서 북쪽으로 8km 정도 더 올라가면 산타클로스와 엘프들이 살고 있는 산타클로스 마을이 있다. 사시사철이 크리스마스인 이 마을에는 산타클로스를 직접 만날 수 있는 산타클로스 오피스, 엘프들이 열심히 일하고 있는 산타클로스 우체국, 신나는 액티비티 시설, 다양한 레스토랑, 깜찍한 기념품으로 가득한 상점 등이 있어 누구나 동심으로 돌아가 즐거운 하루를 보낼 수 있으며 마을의 중심을 관통하는 북극권 한계선을 넘나들며 여권에 북극권 스탬프를 찍는 것도 신기한 경험이다. 해가 일찍 지는 겨울철에 방문하면 흰 눈이 소복이 쌓인 산타클로스 마을에 예쁜 조명이 켜져 한층 동화 같은 분위기를 만끽할 수 있다. 산타클로스 마을을 좀 더 여유롭게 즐기고 싶다면 마을 내에 있는 예쁜 통나무집 숙소인 Santa Claus Holiday Village에 숙박하고 바로 공항으로 이동하면 된다.

📍 로바니에미 시내 또는 기차역에서 8번 버스를 타고 Joulupukin Pajakylä 정류장 하차(약 25~30분 소요, 성인 편도 €3.6), 로바니에미 공항에서 산타클로스 버스(11월~3월 운행)로 약 10분(성인 편도 €4). 자세한 버스 시간표는 linkkari.fi/In-English 및 www.santaclausbus.fi 참고.

🏠 96930 Arctic Circle, Rovaniemi

🕐 1월 상순~5월, 9~11월 10:00-17:00, 6~8월 09:00-18:00, 12~1월 초 09:00-19:00, 크리스마스를 비롯한 일부 공휴일 단축 운영

€ 무료

@ santaclausvillage.info

북극권 스탬프

©VisitRovaniemi

산타클로스 오피스
Santa Claus Office

산타클로스 마을에서 가장 인기 있는 곳으로 국제 공인 산타 할아버지와 만나 이야기를 나누고 기념 사진도 남길 수 있다. 내부로 들어가 2층으로 올라가면 통나무집처럼 꾸민 방 안에 앉아 있는 산타클로스 할아버지와 3~5분 정도 대화를 나눌 수 있는데 이때 엘프가 동영상과 사진을 찍어주고 밖으로 나온 후에 원한다면 인화된 사진이나 파일 다운로드를 구입할 수 있다(€35~50). 산타클로스 오피스 내에서 개인적인 사진 촬영은 금지되어 있으니 참고하자.

@   santaclausoffice.com

산타클로스 우체국
Santa Claus' Main Post Office

산타클로스 마을 내에 있는 우체국은 세계에서 유일한 공식 산타클로스 중앙 우체국이다. 전 세계 어린이들이 산타클로스에게 보낸 편지와 엽서들이 이곳에 모여 있는데 우리나라에서 보낸 반가운 한글 편지도 있다. 산타클로스가 쓴 편지를 크리스마스에 맞춰 받아볼 수도 있고 크리스마스카드를 직접 써서 사랑하는 사람에게 보낼 수도 있는데, 이 우체국에서 발송되는 우편물에는 예쁜 산타 또는 북극권 소인이 찍혀 특별한 선물이 된다. 우체국 내에는 2개의 우체통이 있는데 노란색은 바로, 빨간색은 크리스마스에 맞춰 발송되므로 잘 구분해서 이용하자.

🏠 Tähtikuja 1, 96930 Arctic Circle

@ my.posti.fi/en/santa-claus-main-post-office

©VisitRovaniemi

185

©VisitRovaniemi

크리스마스 하우스
Christmas House

'크리스마스 하우스'라는 별칭을 가진 Santa Claus Holiday Village의 메인 건물에는 크리스마스와 산타클로스에 관한 작은 전시관이 있으며, 전시관 끝에 있는 방에서 산타클로스 할아버지를 만나보고 기념사진을 구입할 수도 있다(€20~40). 이곳에 있는 산타클로스 역시 국제 공인 산타클로스라고 하지만 아무래도 산타클로스 오피스에 있는 산타 할아버지가 더 진짜처럼 느껴지는 것은 어쩔 수 없다.

@ www.christmashousesanta.fi/en/

북극권 한계선 Arctic Circle

산타클로스 마을은 절반 정도가 북극권 내에 위치하여 북극권 한계선이 마을 한가운데에 선명하게 표시되어 있다. 여름철에는 야외에서 바닥에 그려져 있는 북극권 한계선을 넘어가며 기념 촬영을 하는 사람들이 많으며 겨울철에는 눈이 덮여 바닥이 보이지 않기 때문에 선을 따라 있는 조명등 앞이나 실내에서 기념 촬영을 한다. 북극권에 왔었다는 것을 기념으로 남기고 싶다면 산타클로스 오피스의 맞은편 건물에 있는 관광 안내소에서 여권에 스탬프를 받거나(€0.5) 방문 증명서(€4.5)를 유료로 발급받을 수도 있다.

@ arcticcircleinfo.fi

쇼핑 Shopping

산타클로스 마을에 있는 건물의 대부분은 상점이라고 해도 과언이 아닐 정도로 마을의 큰 건물들에는 모두 기념품을 판매하는 상점이 있다. 기념품은 대부분 크리스마스와 산타클로스에 관련된 것이지만 라플란드 지역의 수공업자들이 만든 수공예품을 판매하는 상점과 세계적으로 유명한 핀란드 브랜드인 마리메코와 이딸라의 아웃렛도 있으니 천천히 시간을 갖고 둘러보자.

액티비티 Activity

산타클로스 마을 내에는 허스키 파크, 스노모빌 파크, 허스키와 순록 농장, 눈썰매와 이글루 호텔, 아이스 레스토랑이 있는 스노맨 월드 등 다양한 액티비티 시설이 있다. 허스키 썰매나 순록 썰매 등의 액티비티는 겨울철에만 즐길 수 있으며 가격은 성인 기준으로 이동하는 거리에 따라 허스키 썰매는 €45~, 순록 썰매는 €20~84

@ santaclausvillage.info/activities-and-
experiences/

©VisitRovaniemi

©VisitRovaniemi

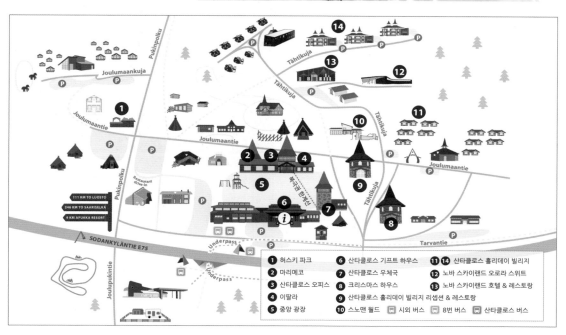

① 허스키 파크	⑥ 산타클로스 기프트 하우스	⑪ ⑭ 산타클로스 홀리데이 빌리지	
② 마리메코	⑦ 산타클로스 우체국	⑫ 노바 스카이랜드 오로라 스위트	
③ 산타클로스 오피스	⑧ 크리스마스 하우스	⑬ 노바 스카이랜드 호텔 & 레스토랑	
④ 이딸라	⑨ 산타클로스 홀리데이 빌리지 리셉션 & 레스토랑		
⑤ 중앙 광장	⑩ 스노맨 월드	🚌 시외 버스 🚌 8번 버스 🚌 산타클로스 버스	

산타 파크 Santa Park

산타클로스 마을에서 약 2.5㎞ 정도 떨어진 곳에 있는 테마파크로 방공호로 사용되던 북극권 아래의 인공 동굴을 개조하여 만들었다. 내부는 도넛을 닮은 모양으로 사방으로 통로가 연결되어 있으며 중심부에는 식사를 하며 공연을 관람할 수 있는 넓은 광장이 있다. 산타 할아버지를 만날 수 있는 산타의 오피스, ❶ 엘프들의 우체국과 작업실. ❷ 엘프가 되는 법을 가르쳐주는 엘프 스쿨, 매직 트레인, ❸ 얼음 공주를 만날 수 있는 아이스 갤러리, 귀여운 진저 브레드를 만드는 베이커리 등 여러 가지 체험 시설이 있어 아이들과 방문하면 더욱 재미있는 시간을 보낼 수 있다. 산타클로스 빌리지와는 달리 산타 파크에서는 개인 사진기로 산타 할아버지나 엘프들과 자유롭게 사진을 찍을 수 있으며 실내에 있기 때문에 겨울철에도 따뜻하게 즐길 수 있다는 것도 큰 장점이다.

📍 로바니에미 시내 또는 기차역에서 8번 버스를 타고 Santa Park 정류장 하차(약 25분 소요, 성인 편도 €3.6). 자세한 버스 시간표는 linkkari.fi/In-English 참고.

🏠 Tarvantie 1, 96930 Arctic Circle

🕐 여름 월~토요일 10:00-17:00, 일요일 휴무 / 겨울 매일 10:00-17:00

€ 성인 €39~45, 3~12세 €33~38(시즌에 따라 요금 변동) / 3세 미만 어린이 무료

@ santaparkarcticworld.com

Restaurants, Café & Bar

맥도널드 로바니에미 McDonald's Rovaniemi | 패스트푸드 |

세계 최북단에 있는 맥도널드로 유명했던 지점으로 지금은 러시아의 무르만스크Murmansk 지점에 그 타이틀을 내주었다. 아직까지도 일부러 찾아오는 관광객이 많기 때문에 주문 시 요청하면 맥도널드 로고가 있는 예쁜 오로라 기념엽서를 준다. 메뉴는 전 세계 공통이므로 본인이 좋아하는 버거를 선택하면 되는데 햄버거, 감자튀김, 콜라가 포함된 세트는 핀란드어로 Ateria라고 된 메뉴를 주문하면 된다.

📍 시내 입구, 관광 안내소가 있는 로디 광장에서 도보 3분
🏠 Poromiehentie 3, 96200 Rovaniemi
☎ +358 40 731 8585
🕐 24시간 오픈 € 빅맥 세트 €9.15

한끼 Hanki | 한식 |

한국인은 물론 현지인에게도 인기 있는 한식 레스토랑이다. 만둣국, 김치찌개, 불고기 비빔밥 등 친숙한 한식 메뉴도 있지만, 아보카도 김치 버거와 같이 전통적인 한식의 맛을 크게 해치지 않으면서, 현지인의 입맛도 사로잡은 메뉴도 있다. 유럽 여러 한식 레스토랑 중 맛에 있어서는 가장 만족할 만하다.

📍 관광 안내소에서 도보 8분
🏠 Korkalonkatu 2 C, 96100 Rovaniemi
☎ 전화 +358 40 1617898
🕐 월~금요일 11:00-20:00, 토요일 12:00-20:00, 일요일 휴무
€ 아보카도 김치 버거 €12.9, 김치찌개 €16.9, 불고기 비빔밥 €18.9

©VisitRovaniemi

Accommodation

Santa Claus Holiday Village

★★★★

산타클로스 마을 안에 있는 통나무집 스타일의 호텔로 걸어서 2분이면 산타 할 아버지를 만나러 갈 수 있다는 것이 가장 큰 장점이다. 객실은 통나무집 두 채가 붙어 있는 독채 형태로 되어 있는데 성인 3인이나 성인 2인에 어린이 2인까지 는 한쪽 통나무집만 사용할 수 있으며 대가족이나 일행이 여러 명이라면 두 채 를 모두 사용하면 된다. 아늑한 내부에는 2인용 침대와 소파베드, 완벽한 주방 시설, 핀란드식 전용 사우나가 딸린 욕실이 갖추어져 있어 아이들을 동반한 가 족 여행 시에도 만족스러운 휴가를 누릴 수 있다. 투숙객에게 로바니에미 공항 까지 무료 셔틀버스를 제공한다.

🏠 Tähtikuja 2, 96930 Rovaniemi
☎ +358 40 159 3811
@ www.santaclausholidayvillage.fi/en

Santa's Hotel Santa Claus ★★★★

로바니에미에 딱 어울리는 이름의 이 호텔은 로디 광장을 마주 보고 있는 최고의 위 치를 자랑한다. 천장이 높아 실제보다 더 넓게 느껴지는 객실은 모든 편의 시설을 잘 갖추고 있으며 대부분의 욕실 에는 욕조도 있어 아시아계 손님들의 만족도가 높 다. 다양한 레스토랑과 이브닝 사우나 시설도 갖추고 있다. 최근에는 산타클로스 마 을 근처에 욕실까지 딸린 럭셔리한 독채형 글라스 이글루, Santa's Igloos Arctic Circle도 오픈하여 오로라 관광객들의 관심을 끌고 있다.

🏠 Korkalonkatu 29, 96200 Rovaniemi
☎ +358 16 321 321
@ www.santashotels.fi/en/hotelsantaclaus

Santapark Arctic World

Arctic TreeHouse Hotel ★★★★

산타 파크에서 운영하는 독특한 테마 호텔로 산타 파크 옆 숲속에 있다. 새 둥지를 닮은 32개의 독채형 객실은 한 면 전체가 통유리로 되어 있어 오로라와 아름다운 라플란드의 숲을 감상하기에 더없이 좋은 공간으로 북유럽 스타일로 꾸며진 내부에는 더블 혹은 트윈 베드와 욕실, 다양한 부대시설이 갖추어져 있다. 주방 시설이 있는 객실로 업그레이드할 수도 있으며 일행이 여러 명이라면 2개의 침실과 벽난로가 있는 거실, 주방, 프라이빗 사우나까지 있는 Arctic Glass House 객실에 숙박하는 것도 고려해볼 만하다. 12~1월은 비수기에 비해 가격이 4배 정도 오르므로 가능하면 이때를 피해서 가는 것이 좋다.

🏠 Tarvantie 3, 96930 Arctic Circle   ☎ +358 505 176 909

@ arctictreehousehotel.com

Arctic City Hotel ★★★★

로바니에미 시내 중심에 있는 깔끔하고 편리한 호텔이다. 아늑한 분위기의 객실은 모두 리노베이션을 거쳐 쾌적하고 편안하며 호텔 투숙객은 맨 위층에 있는 2개의 사우나 시설을 매일 오후 5~9시에 무료로 이용할 수 있다. 호텔 로비 옆에 있는 레스토랑인 Monte Rosa에서 제공되는 아침 식사도 푸짐하고 맛있는 편이다.

🏠 Pekankatu 9, 96200 Rovaniemi

☎ +358 16 330 0111

@ www.arcticcityhotel.fi/

©Arctic SnowHotel & Glass Igloos

Arctic SnowHotel & Glass Igloos ★★★★

로바니에미에서 북서쪽으로 약 20km 떨어진 시네타Sinettä의 한적한 호숫가에 자리 잡은 이 호텔은 눈으로 만든 스노 호텔과 글라스 이글루 객실로 이루어져 있다. 돔 형태의 지붕이 유리로 되어 있는 글라스 이글루 객실은 11월 하순~3월 말까지만 운영되는데, 유리 지붕까지 전기로 난방이 되는 따뜻한 실내에 침대와 욕실, 냉장고, 전기 주전자, 헤어드라이어 등을 갖추고 있으며 2인용과 4인용으로 나뉜다. 로바니에미 시내(자동차로 25분 소요) 산타클로스 마을, 로바니에미 공항에서 추가 요금을 내고 트랜스퍼 서비스를 이용할 수 있다.

🏠 Lehtoahontie 27, 97220 sinettä   ☎ +358 40 845 3774

@ arcticsnowhotel.fi

Hostel Café Koti

은행으로 사용되었던 오래된 빌딩이 23개의 객실과 3개의 도미토리 룸, 키친과 사우나, 카페를 갖춘 호스텔로 리노베이션되었다. 모든 객실에는 무료 와이파이를 제공하며 패밀리룸, 아파트먼트룸도 있어 가족여행에도 유용하다. 전시나 이벤트가 열리기도 하는 1층 카페 코티는 커피와 식사, 칵테일 등을 즐길 수 있다.

🏠 Valtakatu 21, 96200 Rovaniemi

☎ +358 44 7961 333

@ hostelcafekoti.fi

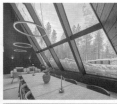

Glass Resort ★★★★

산타클로스 마을 근처의 한적한 숲속에 위치한 호텔로, 산타클로스 오피스, 산타클로스 우체국 등 마을 중심부까지 도보 10분 내로 갈 수 있다. 모든 객실의 벽과 천정은 유리로 되어 있어 아름다운 자연 경관을 마음껏 즐길 수 있다. 프라이빗 사우나, 핫 스프링, 그리고 키친이 완비되어 있으며 최대 9인까지 숙박할 수 있는 프리미엄 로지도 있어 가족이나 친목 여행에도 안성맞춤이다.

🏠 Tähtikuja 16, 96930 Rovaniemi
☎ +358 40 519 4444
@ glassresort.fi

Nova Skyland Hotel ★★★★

산타클로스 마을에 인접한 아름다운 로바니에미의 조용한 자연 환경에 둘러싸인 아파트먼트형 호텔로 모든 객실에는 벽난로, 사우나, 키친이 완비되어 있다. 모던하면서도 아늑한 분위기의 객실에서는 대형 창문 너머로 오로라를 볼 수도 있다. 연어, 순록 고기, 킹 크랩 등과 같은 북유럽 식재료를 현대식으로 해석한 요리를 제공하는 130석 규모의 레스토랑도 갖추고 있다.

🏠 Tähtikuja 6, 96930 Rovaniemi
☎ +358 40 560 3115
@ novaskyland.com

Santas Igloos Arctic Circle ★★★

산타클로스 마을에서 불과 600m 떨어진 곳에 있는 럭셔리 이글루 호텔이다. 천정과 3면이 유리로 된 이글루 스타일의 객실에서는 라플란드의 아름다운 자연 풍광과 오로라를 만끽할 수 있다. 객실에 있는 태블릿으로 리셉션과 콘택트 하거나 오로라 알람을 받을 수 있다. 일부 객실에는 프라이빗 사우나와 야외 핫 스프링이 있다.

🏠 Joulumaankuja 8, 96930 Rovaniemi
☎ +358 40 010 2170
@ santashotels.fi/en/hotels/igloo-hotel-rovaniemi-santas-igloos

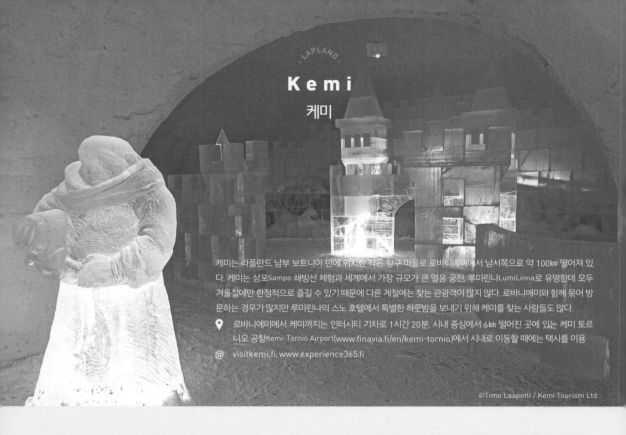

Kemi
케미

케미는 라플란드 남부 보트니아 만에 위치한 작은 항구 마을로 로바니에미에서 남서쪽으로 약 100㎞ 떨어져 있다. 케미는 삼포Sampo 쇄빙선 체험과 세계에서 가장 규모가 큰 얼음 궁전, 루미린나LumiLinna로 유명한데 모두 겨울철에만 한정적으로 즐길 수 있기 때문에 다른 계절에는 찾는 관광객이 많지 않다. 로바니에미와 함께 묶어 방문하는 경우가 많지만 루미린나의 스노 호텔에서 특별한 하룻밤을 보내기 위해 케미를 찾는 사람들도 많다.

📍 로바니에미에서 케미까지는 인터시티 기차로 1시간 20분, 시내 중심에서 6㎞ 떨어진 곳에 있는 케미 토르니오 공항Kemi-Tornio Airport(www.finavia.fi/en/kemi-tornio)에서 시내로 이동할 때에는 택시를 이용

@ visitkemi.fi, www.experience365.fi

©Timo Laapotti / Kemi Tourism Ltd

삼포 쇄빙선 Sampo Icebreaker

삼포Sampo는 1960년 핀란드 정부의 쇄빙선으로 만들어진 것으로 1988년부터 관광객들에게 특별한 체험을 제공하는 관광 크루즈로 이용되고 있다. 일출을 보는 모닝 크루즈 ARCTIC SUNRISE, 오후 1시에 출발하는 애프터눈 크루즈 BLUE MOMENT가 있으며 3시간 또는 4시간으로 진행된다. 모든 크루즈에 갑판, 조종실, 기관실 등 쇄빙선 내부를 돌아보는 가이드 투어와 선상 레스토랑에서의 식사, 얼음이 깨진 바다에 구명 슈트를 입고 들어가는 바다 수영이 포함되어 있으며 끝나면 쇄빙선 탑승 증명서도 받을 수 있다. 좀 더 자세한 정보와 예약은 홈페이지 참고.

📍 쇄빙선이 출발하는 항구는 케미에서 남쪽으로 11㎞ 정도 떨어져 있어 크루즈를 예약할 때 스노캐슬, 케미 시내의 호텔들, 기차역에서 항구까지 오는 셔틀버스를 함께 예약해야 한다. 각 크루즈별 셔틀버스 시간표는 홈페이지 참고

🏠 Sampotie 137, 94900 Kemi   🕐 12월 말~4월 중순

€ 3시간 30분 크루즈 €248~314(날짜에 따라 금액 변동)

@ www.experience365.fi/icebreaker-cruises/

©Visit Finland

©Visit Finland

©Visit Finland

루미린나 LumiLinna

©Timo Laapotti / Kemi Tourism Ltd

루미린나, 영어로 스노 캐슬은 케미 시내에서 멀지 않은 바닷가에 매년 겨울 새로 만들어지는 아름다운 겨울 왕국이다. 이름 그대로 하나의 성과도 같은 루미린나 내에는 세계에서 가장 큰 스노 레스토랑, 신비로운 분위기의 스노 채플, 특별한 하룻밤을 보낼 수 있는 스노 호텔 등의 시설이 있는데 의자와 객실 문 등을 제외하고는 모든 것이 눈과 얼음으로만 만들어져 있다. 스노 캐슬 내부는 눈과 얼음 조각들이 녹지 않게 하려고 항상 영하 5℃ 정도로 유지되고 있어 좀 춥다고 느껴질 수 있는데, 레스토랑에 들러 따뜻한 수프와 와인으로 몸을 녹일 수 있다. 1월 19일경부터 4월 13일경까지만 오픈하는데 매년 날짜가 조금씩 달라지니 홈페이지에서 미리 확인하고 가는 것이 좋다.

📍 케미 기차역에서 중심가를 가로질러 도보 20분

🏠 LumiLinnankatu 15, 94100 Kemi

🕐 1월 하순~4월 초 매일 10:00-18:00 / 스노 레스토랑 디너 19:00

€ 성인 €29, 4~11세 €17.4, 4세 미만 무료

@ experience365.fi/snowcastle-of-kemi/

©Timo Laapotti / Kemi Tourism Ltd

사리셀카

Saariselkä

라플란드 북부, 로바니에미에서 북쪽으로 260㎞ 떨어진 곳에 있는 마을 사리셀카는 유럽에서 가장 북쪽에 있는 홀리데이 리조트이다. 핀란드에서 두 번째로 큰 규모인 우르호 케코넨Urho Kekkonen 국립공원이 사리셀카 마을 바로 옆에 붙어 있어 겨울철에는 이곳에서 스노모빌, 허스키, 순록 사파리와 크로스컨트리 스키, 얼음 낚시 등의 레포츠를 즐기고 여름철에는 잘 조성된 트레일을 따라 하이킹을 하며 곰, 순록, 검독수리 등 여러 야생동물을 관찰할 수 있다. 겨울철에는 칵스라우타넨 악틱 리조트Kakslauttanen Arctic Resort의 글라스 이글루나 노던 라이트 빌리지Northern Lights Village의 오로라 캐빈같이 천장이 유리로 된 독특한 숙소들은 몇 개월 전에도 예약을 할 수 없을 정도로 큰 인기를 누리고 있다. 공식 관광 안내소는 따로 없고 라플란드 웰컴Lapland Welcome 센터(laplandwelcome.fi/)가 있다.

사리셀카 여행 정보 | laplandnorth.fi/en/about-the-area/saariselka/

©Rob Smith / Visit Finland

Northern Lights Village

Saariselkä

(지도)
- Saariseläntie
- Kullanhuuhtojantie
- Rovaniementie
- Kelotie
- Kiveliöntie
- 시우라 쇼핑센터
  Kauppakeskus Siula
- Holiday Club Saariselkä
- Lapland Hotel Riekonlinna
- Revontulentie
- 라플란드 사파리
  Lapland Safaris
- Honkapolku
- 탑 사파리
  Top Safaris
- Lutontie
- 사리셀란 쿠켈리
  Saariselän Kuukkeli
- Saariseläntie
- Husky & Co
- Lutontie
- 우르호 케코넨 국립공원
  Urho Kekkonen
- Jokostie
- Raitopolku
- Seitapolku
- Saajopolku
- Jokostie
- Tievapolku

찾아가기

항공

비행기를 타고 사리셀카로 이동하려면 25㎞ 떨어진 곳에 있는 핀란드에서 가장 북쪽에 위치한 이발로Ivalo 공항으로 가야 한다. 연중 핀에어와 노르웨이 에어셔틀의 저가 항공이 헬싱키와 이발로 사이를 운항하며 우리나라에서는 핀에어를 이용하면 헬싱키에서 환승하여 이발로까지 바로 이동할 수 있다. 이발로 공항에 대한 좀 더 자세한 정보는 www.finavia.fi/en/ivalo 참고.

공항에서 시내로

이발로 공항에서 사리셀카 시내까지는 Eskelisen Lapin Linja의 공항버스가 운행된다. 사리셀카 시내까지는 약 30분이 소요되며 티켓 가격은 편도 €13이다. 버스 운행 시간에 대한 좀 더 자세한 정보는 www.eskelisen.fi/en/timetables 참고.

로바니에미-사리셀카 운행 버스

버스

로바니에미에서 이발로 또는 노르웨이의 카라쇼크 Karasjok까지 운행되는 장거리 버스가 사리셀카에 정차한다. 로바니에미에서 사리셀카까지는 3시간 30분~4시간 15분 정도면 이동할 수 있으며 요일에 따라 하루에 4~5편이 운행된다. 가격은 편도 €50정도인데 운행 시간마다 가격이 다르므로 참고하자. 사리셀카에 도착하기 전에 칵스라우타넨 악틱 리조트에도 정차하며 사리셀카로 들어와서도 3군데 정도 정차하므로 자신의 숙소에 가장 가까운 곳에서 하차하면 된다. 자세한 운행 시간표는 마트카후오토 홈페이지(www.matkahuolto.fi/en) 참고.

로바니에미 시외버스 터미널

시내 교통

사리셀카 시내는 도보로 30분 정도면 충분히 돌아볼 정도로 작다. 시내 중심은 호텔과 슈퍼마켓, 레스토랑들이 모여 있는 사리셀렌티Saariseläntie 거리로 시외버스 정류장도 이곳에 있다.

Travel Highlight

©Valtteri Hirvonen / Kakslauttanen Arctic Resort

윈터 액티비티 Winter Activities

겨울철에 사리셀카를 찾는 대부분의 관광객은 허스키 사파리, 순록 사파리, 스노모빌 사파리 등의 윈터 액티비티를 즐긴다. Lapland Safari(www.laplandsafaris.com/en), Husky & Co(www.huskyco.fi) 등의 회사들이 다양한 액티비티를 판매하며 숙소에 따라 액티비티 10% 할인 쿠폰을 제공하는 곳도 있다. 이런 액티비티들은 12월 초~4월 중순까지 진행되는데 충분한 양의 눈이 쌓여 있어야 사파리를 진행할 수 있기 때문에 매년 날짜가 조금씩 변경된다. 사리셀카에서 즐길 수 있는 색다른 윈터 액티비티로는 이나리 호수에서 얼음낚시를 즐기는 아이스 피싱 사파리가 있다. 아이스 피싱 사파리는 호수까지의 신나는 스노모빌 사파리와 얼음낚시가 결합된 액티비티로 얼음낚시가 끝난 후에는 작은 오두막에서 따뜻한 차나 수프를 마신다.

©Valtteri Hirvonen / Kakslauttanen Arctic Resort

©Kakslauttanen Arctic Resort, Lapland, Finland

스노모빌 사파리

아이스 피싱 사파리

아이스 피싱 사파리

©Kakslauttanen Arctic Resort, Lapland, Finland

Kakslauttanen Arctic Resort

★★★★

사리셀카 시내에서 자동차로 15분 정도 떨어진 한적한 지역에 있는 칵스라우타넨 악틱 리조트는 깜깜한 숲속, 마치 불시착한 우주선들처럼 점점이 흩어져 있는 글라스 이글루의 환상적인 사진 한 장으로 전 세계 여행자들의 마음을 사로잡은 독특한 테마 호텔이다. 글라스 이글루 외에도 통나무로 지은 로그 캐빈, 로그 캐빈과 글라스 이글루가 결합된 켈로 글라스 이글루, 눈으로 지어진 스노 이글루 등의 객실이 있다. 원래부터 있던 이스트 빌리지와 큰 인기에 힘입어 새롭게 조성된 웨스트 빌리지로 나뉘어 있는데, 조용하고 한적한 분위기의 이스트 빌리지에 비해 웨스트 빌리지는 숙소 간의 거리가 가깝고 여러 가지 액티비티 시설도 있어 좀 더 복잡하고 활기찬 분위기이다. 겨울철에는 꽁꽁 언 호수에 구멍을 뚫어 아이스 스위밍도 함께 즐길 수 있는 전통 스모크 사우나와 산타 할아버지와 엘프들이 있는 산타의 집도 이 리조트의 자랑이다. 허스키와 순록 썰매, 스노모빌 사파리, 오로라 헌팅, 얼음낚시 사파리 등의 액티비티도 호텔에 예약해서 즐길 수 있다. 오로라 시즌에 이 리조트의 유리 이글루에 묵고 싶다면 7~8개월 전에 미리 예약하는 것이 좋다.

📍 Kiilopääntie 9, 99830 Saariselkä
☎ +358 16 667100
@ www.kakslauttanen.fi/

©Valtteri Hirvonen / Kakslauttanen Arctic Resort

Kakslauttanen Arctic Resort

Glass Igloos

유리 이글루는 천장이 유리로 되어 있는 이글루 모양의 객실로 맑은 날에는 쏟아질 듯 빛나는 수만 개의 별과 오로라를, 눈발이 날리는 날에는 환상적인 스노 쇼를 감상할 수 있는 최적의 숙박 장소이다. 내부는 항상 20℃ 이상을 유지하여 따뜻하고 편안하게 숙박할 수 있으며 스몰 글라스 이글루에는 화장실과 세면대, 리모컨으로 높낮이를 조절할 수 있는 침대만 있어 샤워는 빌리지 내에 있는 사우나를 이용해야 한다. 4인실인 라지 글라스 이글루에는 샤워 시설까지 갖추어져 있다.

©Valtteri Hirvonen / Kakslauttanen Arctic Resort

©Valtteri Hirvonen / Kakslauttanen Arctic Resort

Log Cabin

숲속에 자리 잡은 투박한 통나무집 내에 벽난로와 전용 사우나, 주방 시설이 갖추어진 숙소로 더블 침대와 2층 침대 하나가 있는 4인용 캐빈은 가족 여행객에게 가장 인기 있다. 활활 타는 벽난로 앞에서 따뜻한 차를 마시는 낭만을 누리고 싶다면 장작은 별도로 구입해야 한다. 칵스라우타넨에서 2박을 할 경우 글라스 이글루에서 1박, 통나무 캐빈에서 1박을 하는 경우가 많다.

©Valtteri Hirvonen / Kakslauttanen Arctic Resort

Kakslauttanen Arctic Resort

©Kakslauttanen Arctic Resort, Lapland, Finland

Kelo Glass Igloos

최근 새롭게 추가된 객실로 아늑한 통나무 캐빈과 글라스 이글루의 멋진 뷰를 결합한 환상적인 숙박 시설이다. 통나무 캐빈의 한쪽 벽면에 글라스 이글루가 붙어 있는 형태이며 통나무집 안에서 4명, 글라스 이글루 쪽에서 2명, 최대 6명까지 숙박할 수 있다. 퀸 스위트 캐빈을 제외하고는 칵스라우타넨에서 가장 숙박 가격이 높은 객실이지만 동행이 여러 명이라면 현명한 선택이 될 수 있다.

©Kakslauttanen Arctic Resort, Lapland, Finland

©Kakslauttanen Arctic Resort, Lapland, Finland

Restaurants

칵스라우타넨 악틱 리조트는 Kelo 와 Aurora라는 2개의 레스토랑을 운영하고 있으며 뷔페식 아침 식사, 수프와 샌드위치 등으로 간단하게 즐기는 점심 식사, 코스로 맛보는 라플란드 전통 요리의 아라카르트 저녁 식사를 모두 제공하고 있다.

아침 식사

점심 식사

저녁 식사

스노 이글루

산타의 집

아이스 스위밍

©Valtteri Hirvonen / Kakslauttanen Arctic Resort

스모크 사우나

©Northern Lights Village

Northern Lights Village
★★★★

사리셸카 시내 근처에 있는 독특한 스타일의 숙박 시설로 오로라 관찰과 윈터 액티비티를 즐기기에 더할 나위 없이 좋은 곳이다. 객실은 지붕의 반이 유리로 되어 있는 독채 통나무집으로 내부에는 2인용 침대와 욕실, 미니바, 헤어드라이어 등이 구비되어 있으며 엑스트라 베드를 추가하면 최대 4명까지 숙박할 수 있다. 라플란드 전통 요리를 즐길 수 있는 레스토랑과 바도 있으며 사리셸카 시내로도 도보로 10분 정도면 이동할 수 있다. 순록 농장이 함께 있으며 다양한 오로라 헌팅 프로그램과 허스키 사파리, 스노모빌 등의 액티비티를 즐길 수 있다.

📍 Rovaniementie 3222E, 99830 Saariselkä
☎ +358 93 15 85 990
@ www.northernlightsvillage.com

©Northern Lights Village

레 비 —————————————————— Lapland

Levi

관광 안내소
Levi Tourist Office

📍 마을로 진입하는 라운드어바웃 근처 파란 건
   물 내

🏠 Myllyjoentie 2, 99130 Levi

🕐 월~토요일 09:00-16:00, 일요일 휴무

로바니에미에서 북쪽으로 약 170㎞ 떨어진 곳에 위치한 마을 레비는 핀란드에서 가장 큰 스키 리조트이다.
스키 슬로프가 있는 언덕을 중심으로 형성된 작은 마을에는 숙소, 레스토랑, 상점, 여행사 등 관광객을 위한
시설들이 옹기종기 모여 있으며 겨울철에는 마을 내에 스키 버스도 운행된다. 레비의 스키 피스트들은 대부
분 초보자와 중급자에게 적합한 코스라 부담스럽지 않게 스키와 스노보드를 즐길 수 있다. 스키 시즌에는
숙박비가 많이 오를 뿐 아니라 숙소 자체를 잡기 어려우므로 미리미리 예약을 서둘러야 한다. 최근에는 글
라스 이글루 형태의 호텔도 문을 열어 오로라 관광을 위해 찾는 관광객들도 많다.

레비 여행 정보 | www.levi.fi/en

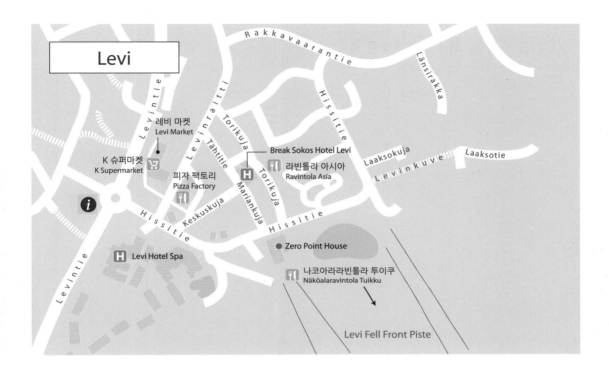

찾아가기

항공

비행기를 타고 레비로 이동하려면 약 15㎞ 떨어진 곳에 있는 키틸라Kittilä 공항으로 가야 한다. 연중 핀에어가 헬싱키와 이발로 사이를 운항하며 성수기인 겨울철에는 노르웨이 에어셔틀, 루프트한자, 스칸디나비아 항공 등이 유럽 대도시에서 키틸라 공항까지 직항 편을 운항한다. 우리나라에서는 핀에어를 이용하면 헬싱키에서 환승하여 키틸라까지 바로 이동할 수 있다. 키틸라 공항에 대한 좀 더 자세한 정보는 www.finavia.fi/en/kittila 참고.

공항에서 시내로

키틸라 공항에서 레비 시내까지는 Tunturilinjat 사에서 운영하는 공항버스가 운행된다. 버스는 비행기 발착 시간에 맞춰 운행되며 공항에서 시내까지는 약 20분이 소요되며 시내의 주요 호텔들 앞에서 정차한다. 티켓 가격은 홈페이지에서 구입 시 성인 편도 €10이다. 운행 시간에 대한 좀 더 자세한 정보 및 버스 티켓 구입은 www.tunturilinjat.fi/en 참고.

버스

로바니에미에서 레비까지는 장거리 버스로 이동할 수 있다. 이동 시간은 2시간 20분~3시간 정도 소요되며 가격은 편도 €31~35 정도인데 운행 시간마다 가격이 다르므로 참고하자. 자세한 운행 시간표는 마트카후올토 홈페이지(www.matkahuolto.fi/en) 참고.

시내 교통

레비의 시내 중심은 스키 슬로프 바로 아래에 숙소, 레스토랑, 상점들이 모여 있는 곳으로 도보로도 충분히 돌아볼 수 있을 정도로 작지만 겨울철에 무거운 스키 장비를 들고 이동한다면 피스트 바로 앞에 있는 Zero Point House에서 북쪽과 남쪽, 2개 노선으로 운행되는 스키 버스를 이용해보자. 스키 버스 노선 및 가격에 대한 좀 더 자세한 정보는 www.levi.fi/en/ski/levi-ski-resort-services/ski-bus 참고.

Travel Highlight

스키 & 스노보드 Skiing & Snowboarding

레비는 43개 피스트와 28개 리프트를 가진 핀란드에서 가장 큰 스키 리조트인 만큼 겨울철에는 스키와 스노보드를 즐기러 몰려드는 관광객들로 작은 마을이 가득 찬다. 레비의 스키 시즌은 대략 11월 초~5월 중순까지이지만 매년 조금씩 달라지므로 홈페이지에서 미리 확인하는 것이 좋으며 이 시기에는 숙소 예약을 미리미리 서둘러야 한다. 스키 패스는 온라인 스키 숍 또는 Zero Point House 에서 구입할 수 있으며 최고 성수기를 조금 벗어난 11월 초~12월 중순, 1월 상순~2월 중순, 4월 하순~5월 중순에는 정상 가격보다 할인된 가격에 구입할 수 있다. 스키 패스 가격 및 기타 정보는 www.levi.fi/en/ski/levi-ski-resort-services/skipasses 참고.

©Elina Sirparanta / Visit Finland

©Visit Finland

윈터 액티비티
Winter Activities

레비는 스키와 스노보드 외에도 허스키 사파리, 순록 사파리, 스노모빌 사파리, 얼음낚시, 스노 슈잉 트레킹 등의 윈터 액티비티로도 유명한 곳이다. 액티비티는 관광 안내소나 숙소에서 예약이 가능하며 레비 관광청 홈페이지에서 미리 예약하고 갈 수도 있는데, 날씨가 너무 추우면 사파리가 취소되는 경우도 있다. 또한 관광 안내소에서는 전문 가이드와 함께 나가는 오로라 사진 촬영 투어 프로그램도 제공하는데, 이 투어에 참가하면 자신의 카메라로 오로라를 좀 더 선명하게 촬영할 수 있는 법을 배울 수 있으며 원한다면 삼각대를 대여(€5)할 수도 있다. 액티비티 및 투어 예약은 www.levi.fi/en/activities/activity-search 참고.

Restaurants, Café & Bar

라빈톨라 아시아 Ravintola Asia | 아시안 |

샐러드, 만두와 김치, 쌀국수 등 한식과 베트남 요리에 이르기까지 다양한 아시안 요리를 제공하는 레스토랑. 똠얌 수프, 교자, 불고기 등 아시아 각 지역의 다양한 메뉴를 맛볼 수 있다.

- 📍 레비 시내 중심 토리Tori 광장에 위치
- 🏠 Hiihtajankuja 7, Levi Tori Square, 99130 Levi
- ☎ +358 40 7148822
- 🕐 12:00~23:00, 12/1~12/23, 1/6~2/15 화~토요일 17:00-23:00, 12/26~1/6 매일 16:00~23:00(시즌에 따라 시간 변동 있음)
- € 똠얌 수프 €12, 불고기 €28, 만두 €13

피자 팩토리 Pizza Factory | 피자 & 케밥 |

다양한 토핑의 피자와 케밥을 판매하는 피자 전문점이다. 우리가 흔히 즐기던 일반적인 맛의 피자부터 케밥 피자, 훈제한 순록 고기 피자 등 독특한 토핑의 피자도 있다. 케밥은 피타 빵, 밥, 샐러드 등과 함께 즐길 수 있다.

- 📍 레비 시내 입구, Levi Market 맞은편
- 🏠 Leviraitti 4, 99130 Levi
- ☎ +358 16 641 311
- 🕐 매일 11:00-22:00
- € 피자 €8.9~13.9

나코아라라빈톨라 투이쿠

Näköalaravintola Tuikku | 전망 레스토랑 |

멋진 전망을 자랑하는 스키장 정상에 있는 레스토랑이다. 겨울철에는 스키를 타는 사람들이 따뜻한 차나 술로 몸을 녹이기 위해 몰려들어 항상 붐비며 단체 여행객도 많이 찾는다. 여름 하지 축제 때는 레스토랑 앞에서 커다란 모닥불을 피우는 행사도 펼쳐진다.

- 📍 스키장 정상 부근
- 🏠 Tuikuntie 11, Tunturitie 421, 99130 Levi
- ☎ +358 16 644240
- 🕐 매일 11:00-16:00
- € 커피 €2.5~, 맥주 €6~

Golden Crown Levin Iglut

★★★★

레비 시내에서 10㎞ 정도 떨어진 해발 340m의 슬로프에 위치한 독특한 콘셉트의 호텔로 아름다운 라플란드의 풍경을 만끽하기에 최적의 장소이다. 천장이 유리로 된 글라스 이글루 객실과 아늑하고 로맨틱한 분위기의 노던 라이츠 하우스 객실을 운영하며 기막힌 전망의 레스토랑도 인기가 높다. 23㎡ 넓이의 글라스 이글루 객실은 2인용과 4인용 두 종류가 있는데 내부에 편안한 침대와 샤워 시설이 있는 욕실, 전기 스토브, 전자레인지, 커피 메이커, 전기 주전자, 토스터, 냉장고 등이 갖춰진 완벽한 주방 시설이 있어 전혀 불편함 없이 숙박할 수 있다. 4~6인이 숙박할 수 있는 럭셔리한 아파트먼트형 객실인 노던 라이츠 하우스는 벽난로가 있는 거실, 정통 핀란드식 사우나, 탁 트인 전망을 즐길 수 있는 커다란 통창으로 또 다른 낭만을 즐길 수 있는 객실이다. 12~3월에는 레비 시내와 호텔 사이에 셔틀버스가 운행되므로 숙박 예약 시 셔틀버스도 함께 예약하는 것이 좋다.

🏠 Harjatie 2, 99130 Levi

☎ +358 50 313 5637

@ leviniglut.net

Levi Spirit ★★★★★

라플란드의 고요한 자연에 둘러싸인 럭셔리한 빌라이다. 침실, 사우나, 벽난로
가 있는 거실, 주방, 테라스 등을 갖춘 9개의 독채 복층 빌라로 이루어져 있으며
최대 10명까지 숙박할 수 있는 빌라 내부는 돌, 나무, 유리 등 자연 소재를 사용
하여 모던하고 고급스럽게 꾸며져 있다. 레비 시내에서 자동차로 10분 정도 떨
어진 강가 한적한 곳에 있다. 3박 이상 예약이 가능하며 일행이 여러 명이라면
일반 호텔에 묵는 것보다 더 저렴하게 숙박할 수 있다.

🏠 Aihkitie 1-11, 99130 Sirkka, Levi

☎ +358 400 605 694

@ vanajanlinna.fi/en/levispirit-home

Levi Hotel Spa ★★★★

다양한 종류의 풀과 사우나, 자쿠지, 워터 슬라이드, 볼링장까지 어른과 아이 모
두 즐길 수 있는 스파 시설을 갖춘 호텔이며 객실도 아늑하고 깔끔하여 레비에
서 최고의 인기를 누리고 있다. 간단한 주방 시설과 아이들용 2층 침대가 있는
패밀리룸은 아이들과 함께하는 가족 여행객에게 가장 추천할 만한 객실이다.
마을 입구에 위치하여 스키 슬로프와 시내 모두 도보로 이동할 수 있다.

🏠 Levintie 1590, 99130 Levi

☎ +358 16 646 301

@ www.levihotelspa.fi/en/

210

Break Sokos Hotel Levi

★★★★

레비 마을의 중심에 있는 호텔로, 스타일리시한 3개 건물에 나뉘어 있는 객실들은 건물별로 라플란드의 여름, 가을, 겨울을 상징하는 테마로 꾸며져 있어 서로 다른 분위기를 풍긴다. 사우나, 자쿠지, 레스토랑, 카페와 바 등의 시설이 있어 스키를 즐긴 후 저녁에 느긋한 휴식 시간을 보낼 수 있다.

🏠 Tähtitie 5, 99130 Levi
☎ +358 16 3215 500
@ www.sokoshotels.fi/en/levi/sokos-hotel-levi

Snow Village

★★★

눈과 얼음으로만 지어진 스노 호텔과 아이스 레스토랑과 바, 아이스 채플 등이 함께 있는 독특한 숙박시설이다. 투숙객에게는 스노 빌리지 무료 가이드 투어가 제공되며 얼음낚시, 개 썰매, 스노모빌 등 다양한 액티비티도 예약할 수 있다. 양털로 된 고급 슬리핑 백 안에서 잠을 자지만 내부가 항상 -2~-5℃ 정도를 유지하므로 추위를 참지 못하는 사람이라면 숙박을 다시 한 번 고려해보자. 키틸라 공항에서는 자동차로 약 25분, 레비 시내에서는 자동차로 약 40분 거리이다.

🏠 Lainiotie 566, 99120 Kittilä
☎ +358 40 416 7227
@ www.snowvillage.fi

FINLAND

노르웨이

러시아

스웨덴

이나리

사리셀카

레비

라플란드

로바니에미

케미

탐페레

난탈리

투르쿠

포르보

헬싱키

스톡홀름

탈린

에스토니아

한 눈에 보는 핀란드 기본 정보

국가명 | 핀란드공화국(핀란드어 Suomen Tasavalta / 스웨덴어 Republiken Finland)
수도 | 헬싱키 Helsinki
공용어 | 핀란드어 / 스웨덴어
면적 | 33만 8145㎢(한반도의 약 1.5배)
위치 | 스웨덴, 노르웨이, 러시아와 접경한 북유럽
인구 | 약 554만 명(2023년 기준)
종교 | 루터교 72%, 핀란드 정교 1.1%, 기타 1.6%, 무교 25.3%
국가 번호 | 358 **홈페이지** | www.visitfinland.com/ko(한국어)

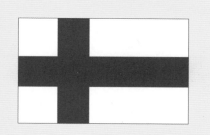

시차
7시간(서머타임 기간 6시간)

전압
230V / 50Hz
콘센트 모양 우리나라와 동일

인터넷
공공장소 무료 Wi-Fi 이용 가능

여행 최적기
남부 5~9월 / 북부 11~3월

비자
90일 이내 무비자 체류 가능

통화
유로(EUR, €)

전화
선불 SIM 카드 이용

팁
레스토랑에서는 거스름돈 정도
호텔 포터에게는 €2~5

비행시간
직항 편 기준 12~13시간 40분

물가
한국의 약 1.5~2배

우편
국제우편(20g까지) €2.3

식수
수돗물 음용 가능

공휴일(2024년 기준)

1월 1일 : 새해 첫날
1월 6일 : 공현절
3월 29일 : 성금요일*
3월 31일 : 부활절*
4월 1일 : 부활절 다음 월요일
5월 1일 : 노동절
5월 9일 : 예수 승천일*
5월 19일 : 성령강림절*
6월 22일 : 하지
11월 2일 : 만성절
12월 6일 : 독립 기념일
12월 24~26일 : 성탄절 휴일

* 표시는 해마다 변동

TIP | 하지 축제 Ukon Juhla

하지는 핀란드 최대의 국경일로 6월 20~26일 사이의 토요일이다. 핀란드 전역에서 하지 전날부터 축제가 펼쳐지는데 호숫가에 커다란 모닥불을 피우고 사우나를 즐기는 것이 가장 일반적인 전통이다. 핀란드 사람들은 보통 하지 전날에 여름휴가를 시작하여 도시에서 떨어진 여름 별장에서 쉬거나 친구나 가족과 함께 신나는 파티를 하며 하지 축제를 즐긴다. 하지에는 박물관이나 상점이 거의 다 문을 닫기 때문에 여행 일정을 계획할 때 참고하자.

©Juho Kuva / Visit Finland

알아두면 편리한 핀란드 실용 정보

주요 도시 날씨와 일출, 일몰 시간

헬싱키

월	1월	2월	3월	4월	5월	6월	7월	8월	9월	10월	11월	12월
평균기온(℃)	-1.9	-2	1.1	2.7	9.3	15.1	17.6	16.2	13.2	5.5	3.2	0.2
강수량(mm)	23	27.6	34.7	36.4	13.6	87.8	63.5	70.9	60	24.8	73.2	51.1
일출 시간	09:01	08:00	06:40	06:00	04:40	04:00	04:20	05:30	06:40	08:00	08:20	09:20
일몰 시간	15:50	17:10	18:20	20:40	21:50	22:50	22:30	21:15	19:40	18:10	15:50	15:10

로바니에미

월	1월	2월	3월	4월	5월	6월	7월	8월	9월	10월	11월	12월
평균기온(℃)	-8.3	-8.6	-3.9	1.9	7.3	12.8	14.6	14.9	9.3	2.4	-5.1	-7.1
강수량(mm)	30.3	34.8	40.8	26	45.8	95.1	74.6	52.8	52.4	44.6	50.5	44.4
일출 시간	10:20	08:30	06:40	05:30	03:30	백야	02:30	04:50	06:35	08:15	09:10	11:00
일몰 시간	14:30	16:40	18:20	21:00	23:00	백야	23:55	21:50	19:45	17:50	14:50	13:30

핀란드 기상청 사이트 en.ilmatieteenlaitos.fi

영업시간

은행 월~금요일 10:00-16:30(도시마다 다름)
우체국 월~금요일 08:00-20:00, 토요일 10:00-16:00, 일요일 12:00-16:00(헬싱키 중앙 우체국 기준)
백화점 월~금요일 09:00-21:00, 토요일 09:00-18:00, 일요일 12:00-18:00
상점 월~금요일 10:00-18:00, 토요일 11:00-16:00, 일요일 휴무
레스토랑 월~금요일 런치 12:00-14:30, 디너 17:00-24:00, 토요일 18:00-24:00, 일요일 휴무

현지 연락처

주 핀란드 대한민국 대사관

🏠 Pohjoinen Makasiinikatu 4 3rd Floor, 00130 Helsinki
☎ +358 9 251 5000
　 주말 및 공휴일 긴급 연락처 : +358 40 903 1021
🕐 월~금요일 09:00-12:00, 13:30-17:00(사증 업무는 오전만 가능)
@ overseas.mofa.go.kr/fi-ko/index.do
일반 긴급 요청, 구급차, 경찰, 화재 112

여행 시 유용한 핀란드어

숫자			요일 및 시간			달 및 계절		
0	Nolla	놀라	월요일	Maanantai	마난타이	1월	Tammiku	탐미쿠
1	Yksi	유크시	화요일	Tiistai	티스타이	2월	Helmikuu	헬미쿠
2	Kaksi	카크시	수요일	Keskiviikko	케스키비코	3월	Maaliskuu	말리스쿠
3	Kolme	코르메	목요일	Torstai	토르스타이	4월	Huhtikuu	후흐티쿠
4	Neljä	넬리야	금요일	Perjantai	페르얀타이	5월	Toukokuu	토우코쿠
5	Viisi	비이지	토요일	Lauantai	라우안타이	6월	Kesäkuu	케사쿠
6	Kuusi	쿠우지	일요일	Sunnuntai	수눈타이	7월	Heinäkuu	헤이나쿠
7	Seitsemän	세이츠만	휴일	Vapaapäivä	바파파이바	8월	Elokuu	엘로쿠
8	Kahdeksan	카흐덱산	어제	Eilen	에이렌	9월	Syyskuu	슈스쿠
9	Yhdeksän	유흐덱산	오늘	Tänään	타나안	10월	Lokakuu	로카쿠
10	Kymmenen	쿰메넨	내일	Huomenna	후오멘나	11월	Marraskuu	마라스쿠
100	Sata	사타	하루/날	Päivä	파이바	12월	Joulukuu	요우루쿠

음식			교통			기타 표현		
미네랄 워터	Kivennäisvesi	키베나이스베시	공항	Lentoasema	렌토아세마	마켓 광장	Kauppatori	카우파토리
빵	Leipä	레이파	기차역	Rautatieasema	라우타티에아세마	마켓 홀	Kauppahalli	카우파할리
시나몬 롤	Korvapuusti	코르바푸스티	버스 터미널	Linja-autoasema	린야아우토아세마	쇼핑센터	Kauppakeskus	카우파케스쿠스
블루베리 파이	Mustikkapiirakka	무스티카피라카	항구	Satama	사타마	교회	Kirkko	키르코
치즈	Juusto	유우스토	터미널	Terminaali	테르미날리	박물관	Museo	무세오
연어	Lohi	로히	항공편	Lento	렌토	호텔	Hotelli	호텔리
연어 수프	Lohikeitto	로히케이토	기차	Juna	유나	레스토랑	Ravintola	라빈톨라
화이트 피시	Siika	시이카	버스	Linja-auto/Bussi	린야아우토/부씨	개점	Avoinna	아보인나
순록	Poro	포로	트램	Raitiovaunu	라이티오바우누	휴무	Suljettu	술예투
순록 고기 볶음	Poronkäristys	포론카리스티스	페리	Lautta	라우타	예	Kyllä	퀼라
미트볼	Lihapullat	리하풀라트	정류장	Pysäkki	피사키	아니오	Ei	에이
링곤베리 잼	Puolukkahillo	푸오루카힐로	티켓	Lippu	리푸	안녕하세요	Mo i/Hei/Terve	모이/헤이/테르베
커피	Kahvi	카흐비	요금	Hinnat	힌나트	감사합니다	Kiitos	키이토스
맥주	Olut	오루트	티켓 판매기	Lippuautomaatti	리푸아우토마티	죄송합니다	Anteeksi	안테엑시

핀란드 국내 교통

기차 여행

쾌적하고 편안한 시설을 자랑하는 핀란드의 기차는 헬싱키를 비롯한 남부 도시들과 북부 라플란드의 도시들을 연결하는 훌륭한 교통수단이다. 여행자들이 가장 많이 이용하는 노선은 헬싱키와 투르쿠, 탐페레 등의 남서부 도시 사이를 운행하는 노선이며 헬싱키에서 로바니에미로 이동할 때는 침대칸이 있는 야간열차를 이용하는 경우가 많다. 핀란드 철도 VR 홈페이지(www.vr.fi/cs/vr/en/frontpage) 및 모바일 앱에서 기차 시간 확인 및 기차표 구매가 가능하며 50% 정도 할인된 요금의 Saver Ticket도 온라인 숍에서만 구매할 수 있다.

기차 탑승법

1
기차표 구매
온라인으로 기차표를 미리 구매하지 않은 경우, 기차역 내 VR 창구 또는 티켓 판매기에서 티켓을 구입한다.

2
역사 내 전광판에서 플랫폼 확인
역사 내에 있는 전광판 또는 안내판에서 출발 시간, 목적지 등을 보고 자신이 탈 기차의 플랫폼을 확인한다.

3
플랫폼으로 이동
플랫폼으로 이동하여 플랫폼에 있는 전광판에서 다시 한 번 자신이 탈 기차가 맞는지 확인한 후 기차를 기다린다.

4
좌석 번호 확인
기차표에 있는 차량 번호와 좌석 번호를 보고 자신의 좌석을 찾아 앉는다. 좌석 예약을 하지 않는 기차는 비어 있는 좌석에 앉으면 된다.

5
기차 내 표 검사
승차하고 잠시 후에 직원이 돌아다니며 기차표를 검사한다. 기차표는 하차할 때까지 잘 보관하고 있어야 한다.

6
목적지 도착
기차 내 안내 방송은 핀란드어, 스웨덴어, 영어로 방송된다. 기차 종류에 따라 안내 방송이 없는 경우도 있으니 잘 모르겠으면 주변에 앉은 사람들에게 물어보고 하차한다.

시외버스 여행

핀란드의 시외버스는 공공 도로의 90% 이상을 커버하는 광범위한 네트워크와 현대적이고 깔끔한 시설로 유명하다. 핀란드 전역의 시외버스와 버스 터미널을 운영하는 회사인 마트카후올토Matkahuolto(www.matkahuolto.fi/en) 홈페이지에서는 핀란드 도시 사이를 운행하는 다양한 회사들의 버스 시간표를 확인하고 표를 구매할 수 있다. 단, 저렴한 가격으로 큰 인기를 끌고 있는 온니버스

Onnibus(www.onnibus.com)의 경우에는 온니버스 홈페이지에서만 표를 구매할 수 있다. 시외버스 여행의 경우, 기차로 이동하는 것보다 시간이 좀 더 걸릴 수 있지만 가격이 저렴한 경우가 많다. 예약 시 좌석 지정도 할 수 있는데 버스 2층의 맨 앞칸은 커다란 창문으로 경치를 감상하며 갈 수 있어 예약하기가 힘들다.

전화와 인터넷

핀란드는 공항, 기차역, 박물관, 호텔, 대부분의 레스토랑에서 무료 Wi-Fi를 이용할 수 있는 나라로 여행자들도 편하게 인터넷에 접속할 수 있다. 만약 일행이 여럿이고 이동 중에도 자유롭게 인터넷을 사용하고 싶다면 최대 10명까지 동시에 Wi-Fi에 접속할 수 있는 포켓 Wi-Fi 기기를 대여해 가는 것도 좋은 방법이다. 우리나라와 마찬가지로 거리에서 공중전화를 찾기 어렵기 때문에 전화 카드는 살 필요가 없으며 핀란드 국내 전화와 인터넷을 마음대로 사용하고 싶다면 Saunalahti, DNA, Telia 등의 통신사에서 판매하는 선불 SIM 카드를 구입하는 것이 좋다. SIM 카드는 공항이나 기차역에 있는 R-Kioski에서도 구입할 수 있다.

TIP 핀란드 국가 번호 +358 / 지역 번호 : 헬싱키 09, 투르쿠 02, 탐페레 03, 라플란드 016

	로밍	SIM 카드	e-SIM	포켓 Wi-Fi
장점	기존 한국 번호 그대로 사용 SIM 카드나 라우터 기기 불필요	로밍 대비 저렴한 가격 및 다양한 데이터 선택 가능	기존 한국 번호 그대로 사용 가능 SIM 카드 파손 및 분실 걱정 없음	여러 명(3~5인)이 저렴하게 사용 가능
단점	타 상품 대비 비교적 비싼 요금	한국 번호 사용 불가 SIM 카드 분실 및 파손 우려	지원하는 기종이 한정적이며 오류 가능성이 있음	여러 명 동시 접속 시 속도 저하 및 휴대와 충전의 번거로움 성수기에 여행 시 예약 필수
유용점	국내와 지속적으로 연락을 해야 하는 상황이 많은 경우	한국 번호로 전화, 문자를 이용할 필요가 없거나 데이터 사용량이 많은 경우	한국 번호로 연락이 필요한 경우 및 가성비와 편리함을 추구하는 경우	여러 명이 대용량 데이터를 로밍 및 유심보다 저렴하게 사용할 경우

여행 시 유용한 스마트폰 앱

FMI Weather
핀란드 기상 연구소의
도시별 날씨 정보

VR Matkalla
핀란드 열차 시간
검색 및 표 구입

Reitit ja Liput
핀란드 시외버스 시간표
조회 및 표 구입

HSL - liput ja reittiopas
헬싱키 내 트램, 버스,
메트로 도착 시간 조회

핀란드 전통 음식

©Elina Sirparanta / Visit Finland

루이스레이파 Ruisleipä

사워도우로 만드는 검은색 호밀 빵. 핀란드인이 가장 많이 먹는 빵으로 커피와 함께 아침 식사로 즐기기도 하고 빵 사이에 햄, 치즈, 채소를 넣어 샌드위치를 만들어 먹는다.

카랄란피라카 Karjalanpiirakka

핀란드 동부 카렐리아 지방의 전통 파이. 지금은 핀란드 전역에서 먹는다. 호밀 반죽을 얇게 편 후 가운데에 쌀죽 또는 으깬 감자를 넣어 구워낸 것이다. 에그버터(버터와 삶은 달걀을 섞은 것)를 올려 먹는다.

코르바푸스티 Korvapuusti

핀란드식 시나몬 롤. 영화 <카모메 식당>에 등장하여 핀란드 하면 가장 먼저 떠오르는 빵이다. 시나몬, 버터, 설탕 등이 들어간 달콤한 빵으로 주로 커피와 함께 즐긴다.

©Vastavalo/Jorma Jämsen / Visit Finland

라푸 Rapu

유럽 민물 가재. 가재 축제는 원래 스웨덴의 전통이지만 핀란드에서도 매년 여름은 가재의 계절이다. 딜 등의 허브와 소금을 넣고 데치는 심플한 방법으로 조리해 전채 요리로 먹는 것이 일반적이다.

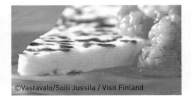

©Vastavalo/Soili Jussila / Visit Finland

레이파유스토 Leipäjuusto

핀란드 전통 치즈 '빵 치즈'라는 뜻으로 오븐에 구워내 독특한 식감이 느껴지고 젖소의 초유로 만들어져 진한 풍미가 일품이다. 클라우드베리 잼인 라카힐로라Lakkahillolla를 곁들여 먹는다. 주로 디저트로 많이 먹으며 커피와도 의외로 잘 어울린다.

로히케이토 Lohikeitto

핀란드식 연어 수프. 큼직하게 썬 연어와 삶은 감자, 리크, 생크림(또는 우유) 등을 넣고 끓여내며 딜을 넣어 풍미를 더한다. 추운 겨울, 호호 불면서 루이스레이파와 함께 먹으면 더 맛있다.

리하풀라트 Lihapullat

핀란드식 미트 볼. 핀란드 가정에서 가장 흔히 먹는 요리로 브라운소스를 얹고 매시드 포테이토와 링곤베리 잼 등을 곁들여 먹는다. 대부분의 레스토랑에서 판매하기 때문에 쉽게 접할 수 있다.

파이스테투 무이쿠 Paistettu Muikku

무이쿠 튀김. 핀란드의 국민 생선이라 불리는 흰 송어 무이쿠를 바삭하게 튀겨낸 요리이다. 아이올리소스나 레몬을 곁들여 먹으며 여름철 마켓의 노점이나 마켓 홀에서 쉽게 맛볼 수 있다.

©Vastavalo/Soili Jussila / Visit Finland

포론카리스티스 Poronkäristys

순록 고기 볶음. 순록 고기는 핀란드의 북부, 라플란드 지역의 주식으로 맛이 좋고 영양이 풍부하기로 유명하다. 얇게 저민 순록 고기를 팬에 볶은 후 매시드 포테이토와 링곤베리 소스를 곁들여 먹는다.

©Vastavalo/Seppo Hinkula / Visit Finland

©Vastavalo/Pirkko Kanervisto / Visit Finland

©Vastavalo/ Visit Finland

마카라 Makkara

핀란드식 소시지. 맛은 독일식 소시지와 비슷하며 그릴에 구워 맥주와 함께 먹으면 환상의 궁합이다. 핀란드에서는 야외 피크닉을 할 때나 사우나를 즐길 때 빠지지 않는 요리이다. 탐페레에는 무스타마카라Mustamakkara(검은 소시지라는 뜻)라는 이름의 순대를 닮은 독특한 소시지가 있는데 돼지고기와 선지로 만든 이 소시지는 링곤베리 잼에 찍어 먹는다.

무스티카피라카 Mustikkapiirakka

블루베리 파이. 핀란드 사람들이 디저트로 많이 먹는다. 특히 여름에는 신선한 제철 블루베리로 만든 달콤한 무스티카피라카를 맛볼 수 있다. 바닐라 크림 또는 아이스크림을 곁들여 먹기도 한다. 클라우드베리(Lakka), 링곤베리(Puolukka) 등 핀란드의 다른 베리들로 만든 파이나 케이크도 많이 먹는다.

살미아키 Salmiakki

감초 젤리. 핀란드 사람들이 가장 사랑하는 사탕인 살미아키는 처음 먹어보는 사람은 입에 넣으면 바로 뱉어버리는 충격적인 맛으로 유명하다. 마치 고무 타이어를 씹는 듯한 식감과 염화암모늄의 짜고 떫은 맛, 감초 특유의 쓴맛이 너무 강렬해서 단맛은 거의 느껴지지 않는다. 목감기 치료 효과가 탁월하고 계속 먹다 보면 은근히 중독성이 있다고 한다.

TIP | 핀란드 맥주

하루 관광을 마치고 들어간 숙소에서 마시는 시원한 맥주 한 캔은 여행을 더욱 즐겁게 하는 활력소가 된다. 핀란드의 맥주는 대부분 페일 라거로 우리나라 맥주와 비슷한 맛이다. 맥주를 살 때에는 병에 쓰여 있는 표시를 확인해야 하는데 알코올 농도가 높아짐에 따라 I~IV까지 구분되어 있다. 핀란드의 슈퍼마켓에서는 알코올 함량이 4.7% 이하 주류만 판매하기 때문에 I~III 등급의 맥주만 구입할 수 있으며 알코올 농도가 높은 IV 등급의 맥주와 와인 등은 국영 주류 판매점 알코Alko(www.alko.fi/en)에서 구입할 수 있다. 대표적인 핀란드 맥주 브랜드로는 1819년에 설립된 핀란드 최대 음료 회사 시네브리코프Sinebrychoff의 코프Koff와 카르후Karhu, 제2의 음료 회사 하트왈Hartwall의 라핀 쿨타Lapin Kulta와 카르얄라Karjala, 핀란드 최대 양조장인 올비Olvi의 올비Olvi와 산델스Sandels 등이다. 헬싱키의 펍이나 맥주 바에서는 마이크로 브루어리들에서 만드는 맛있는 수제 생맥주도 즐길 수 있다.

코프 Koff
부드러운 맛의 핀란드 대표 맥주. 여름철에는 헬싱키 시내를 도는 펍 트램에서도 즐길 수 있다.

라핀 쿨타 Lapin Kulta
라플란드의 양조장에서 유래된 산뜻한 맛의 맥주. 여름철에 시원하게 마시기 좋다.

올비 Olvi
전형적인 페일 라거 맥주. 쓴맛이 거의 없고 우리 입맛에도 잘 맞는다.

카르후 Karhu
곰이 그려진 라벨이 눈길을 끄는 강하고 깊은 맛의 맥주. 핀란드에서 가장 많이 팔리는 맥주이다.

카르얄라 Karjala
필스너 스타일의 페일 라거 맥주. 뒷맛이 좀 쓴 편이라 호불호가 갈린다.

산델스 Sandels
핀란드 전쟁 영웅의 이름을 딴 맥주. 부담 없이 마실 수 있으며 부드러운 목넘김이 일품이다.

나의 유럽은 조금 더 특별하다.

NORTHERN EUROPE

Chalet
TRAVEL & LIFE

북유럽 여행 by 샬레 트래블

www.chalettravel.kr

럭셔리 여행 리더들의 네트워크,

샬레트래블 × Virtuoso 버츄오소

품격 높은 VIP를 위한 특별한 혜택

샬레트래블을 통해 'Virtuoso 버츄오소' 멤버 호텔 예약 시 아래 혜택을 드립니다.

1. 매일 2인 조식

2. 100달러 상당의 호텔 크레딧

   (호텔에 따른 적용 범위–푸드 & 음료, 스파, 액티비티 등– 별도 안내)

3. 룸 업그레이드 및 얼리 체크 인 & 레이트 체크아웃

   (호텔 룸 상황에 따라 체크인 당일 가능여부 최종 확정)

4. 호텔에 따라 추가 웰컴 어메니티 및 혜택이 주어지는 경우 별도 안내

   * 주요 멤버 호텔 : 포시즌스, 아만, 파크하얏트, 리츠칼튼 등

'Virtuoso 버츄오소'란?

럭셔리 여행 산업을 선도하는 전세계 2%의 업체 중
까다로운 가입 검증절차를 거친 호텔, 크루즈사, 여행사의 연합체

샬레트래블앤라이프

www.chalettravel.kr   02.323.1280

샬레트래블북

FINLAND
핀란드

초판 발행 2017년 11월 1일

개정 1판 2019년 1월 1일

개정 2판 2023년 12월 15일

글 | 김문희, 우지선

사진 | 정소현

펴낸곳 | ㈜샬레트래블앤라이프

펴낸이 | 강승희 강승일

출판 등록 | 제313-2009-66

주소 | 서울시 마포구 서교동 어울마당로 5길 26. 1~5F

전화 | 02-323-1280

판매 문의 | 02-336-8851 shop@chalettravel.kr

내용 문의 | travelbook@chalettravel.kr

디자인 | 말리북

지도 일러스트 | 김선애

ISBN 979-11-88652-32-7(13920)

값 18,000원

CHALET Travel Book은 ㈜샬레트래블앤라이프의 출판 브랜드입니다.

www.chalettravel.kr